Mirjam Zimmermann

Literatur für den Religionsunterricht

Kinder- und Jugendbücher für die
Primar- und Sekundarstufe

Vandenhoeck & Ruprecht

Bibliografische Information der Deutschen Nationalbibliothek

Die Deutsche Nationalbibliothek verzeichnet diese Publikation in der
Deutschen Nationalbibliografie; detaillierte bibliografische Daten sind
im Internet über http://dnb.d-nb.de abrufbar.

ISBN 978-3-525-58013-4
ISBN 978-3-647-58013-5 (E-Book)

Umschlagabbildung: www.digitalstock.de

Printed in Germany.

Satz: SchwabScantechnik, Göttingen
Druck und Bindung: ⊕ Hubert & Co., Göttingen

Gedruckt auf alterungsbeständigem Papier.

Inhalt

2.8 Religion

Vorwort

Dieses kleine Buch blickt auf einen langen Entstehungsprozess zurück. Ich verdanke Leseanregungen und Rückmeldungen Schülerinnen und Schülern verschiedener Klassen und Grundkurse am Ott-Heinrich-Gymnasium in Wiesloch, am Gymnasium am Waldhof in Bielefeld und am Gymnasium in Ingelheim, mehr aber noch den Studierenden aus Seminaren zum Thema »Kinder- und Jugendliteratur im Religionsunterricht« bzw. »Literatur im Religionsunterricht«, die ich sowohl an der Universität Heidelberg als auch an der Universität Bielefeld und der Universität Siegen abgehalten habe. Viele Studierende haben Bücher vorgestellt, sich an der Diskussion über deren didaktischen Wert beteiligt, haben Kurzzusammenfassungen und Kurzrezensionen geschrieben, Unterrichtsentwürfe verfasst und in der Praxis erprobt. Dabei ist nun diese hoffentlich hilfreiche Zusammenstellung entstanden, bei der auch Teile der studentischen Beiträge aufgenommen wurden. Ziel der Darstellung soll sein, zu unterschiedlichen Themen des Religionsunterrichts auf verfügbare Kinder- und Jugendliteratur zu verweisen und diese inhaltlich und durch »didaktische Grundgedanken« ganz kurz vorzustellen.

Weil wir immer wieder die Erfahrung gemacht haben, dass Literatur auch schwierig zu vermittelnde Lebenswelten zugänglich machen kann, soll der Titel »Wer liest, lebt doppelt!« dieser Maxime Rechnung tragen und dazu anregen, auf diese Erkenntnis auch im Religionsunterricht zu vertrauen.

Ausgehend von der Informationsbasis dieses Buches können Ganzschriften gewählt, Referate zu einzelnen Werken vergeben oder Facharbeiten zur vertieften Beschäftigung mit religiösen Fragen durch Literatur angeboten werden.

Dass wir nicht streng zwischen Kinder- und Jugendliteratur getrennt haben und sogar Bücher einbezogen haben, die eigentlich für Erwachsene geschrieben wurden, liegt in der Tatsache begründet, dass wir versucht haben, Unterrichtsthemen von der Primarstufe bis zur Sekundarstufe II abzudecken. Auswahlkriterium war also die Passung für den Religionsunterricht, für die wir jeweils auch einen Altersvorschlag zur Verwendung gemacht haben. Dabei wurden Kinder- und Jugendbücher, aber eben auch klassische Literatur herangezogen. Auch das Erscheinungsdatum spielte nur begrenzt eine Rolle. Es wurde auch Literatur berücksichtigt, die nicht mehr wieder neu aufgelegt wird, aber durch Antiquariate problemlos und günstig zugänglich ist.

An dieser Stelle möchte ich einigen Studierenden namentlich für ihre Mitarbeit danken: Gesa Menzel, Stephanie Nagel, Kristin König, Tim Otremba, Alexandra Laible, Ann-Kathrin Schwantes, Eva-Diana Hameister, Julia Schieber, Melanie Schallenmüller, Lisa Köhler, Nadine Zapf, Jana Freund, Katrin Gokus, Julia Fritzen, Sara Dreher, Inken Busch, Natalia Enns, Julian Engelbert, André Geisler, Lisa-Marie Göndör, Isabelle Grübener, Annemarie Henrichs, Julia Diana Schöning, Julika Hielscher, Irena Janzen, Sandra Jendroschek, Lydia Pauls, Britta Reißig, Elisabeth Schmidt, Katharina Stillger, Angela Wallasch, Vanessa Wischnewski.

Für die Korrekturen danke ich Berit Biewald und der leider kürzlich bei einem Verkehrsunfall verstorbenen Margret Neuefeind.

1 Methodische und didaktische Vorüberlegungen

1.1 Kinder- und Jugendliteratur im Religionsunterricht?!

Wenn ich meine Grundkurse in Klasse 12 oder 13 befrage, an welche Dinge aus dem Religionsunterricht der letzten Jahre sie sich noch erinnern, dann werden oft Lektüren genannt, die im Religionsunterricht gelesen wurden. Hier einige Statements aus den Evaluationen unterschiedlicher Reihen:

> »Durch die Lektüre von Theißens ›Der Schatten des Galiläers‹ konnte ich mir richtig vorstellen, wie die Menschen damals gelebt haben, welche Sorgen und Probleme sie hatten, und warum da die Lehre Jesu so eingeschlagen hat.« (Mädchen, 11. Klasse)

> »Wenn man ›Worüber keiner spricht‹ gelesen hat, dann hat man einen Bezug zu Afrika, sieht, welche Verantwortung Jugendliche in unserem Alter dort übernehmen müssen. Nie hätte ich gedacht, dass Religion noch so angsteinflößend wirken kann. (…) Ich glaube, ich habe auch verstanden, wie gefährlich es ist, Zusammenhänge herzustellen, wie ›Krankheiten (Aids) sind eine Strafe Gottes‹, und wie schnell so etwas aber passieren kann. Wir haben als Familie ein Patenkind in Südafrika, dazu habe ich einen ganz anderen Bezug bekommen.« (Mädchen, 9. Klasse)

> »Es war lustig zu ›Benjamin und Julius‹ eigene Geschichten zu schreiben und die dann mit denen vom Autor zu vergleichen. Unsere waren manchmal auch ganz schön gut und den Unterschied zwischen Juden und Römern damals zur Zeit von Jesus und was daran schwierig war, habe ich verstanden. Dass die dann alle auf Jesus gehofft haben, ist klar.« (Junge, 5. Klasse)

Bei Fortbildungen wird dagegen oft die Frage gestellt, ob der Aufwand einer Klassenlektüre ›lohne‹ angesichts des engen Zeitrasters und der Tatsache, dass religiöse Fragen in erzählenden Texten, von einigen Ausnahmen abgesehen, nicht themenbestimmend sind, dass Religion nicht die inhaltliche Mitte darstellt, sondern in die Alltagswelt handelnder Menschen eingewoben ist.

Das, was wir für den Religionsunterricht zu brauchen meinen, ist aber nicht das Ganze, sondern nur ein Teil, der auf das Ganze verweist und mit diesem wie im Leben verwoben ist. Literatur ist kein theologisches Lehrsystem, sie ist nicht konfessions- oder kirchenkonform, aber sie zeigt Menschen, die sich religiös äußern, die Fragen stellen, die auch die Fragen der Schüler sind, die um den Sinn, das Ziel ihres Lebens und ihres Glaubens ringen als Suchende, Leidende, aber auch als Hoffende. Das fordert zu Fragen und Antworten heraus – aus der Perspektive der in der Narration belebten Figuren, aber auch aus der eigenen realen.

Oft sind Krisensituationen der Testfall für die Frage nach Gott. Erst diese lassen die Protagonisten über sich hinaus fragen. Glücklicherweise sind wirkliche existentielle Krisen in Klassenzimmern nicht ständig an der Tagesordnung. Hier kann Literatur ein »Doppelleben« ermöglichen, das dieses Hinausfragen anregt, obwohl die persönliche Situation eine ganz andere ist. Wenn Religionsunterricht dann diese existentielle Dimension berührt, wird Gott herausgefordert, provoziert, auf die Probe gestellt, oft sehr emotional und auch für den Leser herausfordernd. Denn die Frage nach Gott präsentiert sich auch als Frage nach der Wahrheit und der Gerechtigkeit.

1.2 Was ist christliche Kinder- und Jugendliteratur?

Magda Motté[1] unterscheidet drei Dimensionen, die in theologisch relevanten Texten nachgewiesen werden können:
1. Die allgemein ethisch-existentielle Ebene, die in Texten mit »allgemein menschlichen Themen« aufscheint.
2. Die transzendental-religiöse Dimension, in der die »Erlösungsbe-

---

1　Magda Motté: Auf der Suche nach dem verlorenen Gott. Religion in der Literatur der Gegenwart. Mainz 1996, 28.

dürftigkeit unserer Welt nicht durch Selbsterlösungsprogramme beantwortet und das Ich nicht zum Mittel- und Zielpunkt des Universums stilisiert« wird. Menschliche Grunderfahrungen werden darin transzendiert, das heißt, dass der Mensch »sich auf einen letzten, alles umfassenden Sinngrund verwiesen fühlt, von dem er sich abhängig weiß und dem er sein Leben verdankt.«[2]

3. Die Dimension eines direkten Bezuges auf die jüdisch-christliche Botschaft. Dabei handelt es sich also um Texte, die »die Frage nach dem nahbaren Gott und dem Schicksal seines Volkes Israel aufwerfen« und auch jene, »die aus dem Geist Jesu leben, das heißt, Umkehr, Auferstehung und ewiges Leben über den Tod hinaus thematisieren und dies auch durch Signale im Text (…) zum Ausdruck bringen.«[3]

Zur letzten Dimension stellt Motté 2004 ernüchternd fest, dass der »Befund unter den literarisch befriedigenden Werken« in diesem Bereich äußerst »mager« sei.[4]

1.3 Was bringt die unterrichtliche Beschäftigung mit christlicher Kinder- und Jugendliteratur?

Georg Langenhorst[5] spricht von fünf religionspädagogischen Chancen der Beschäftigung mit Kinder- und Jugendliteratur:

1. Textspiegelung
   Langenhorst konstatiert hier »einen veränderten, geschärften Blick auf den ursprünglichen Text der Bibel oder der christlichen Tradition.«[6] Das, was im Unterricht in kreativen Umsetzungen unter methodischer Anleitung mit Schülern manchmal prakti-

---

2   Ebd. 33.
3   Ebd. 38.
4   Magda Motté: Verborgene Religiosität? Ist die gegenwärtige Literatur für Glaubensfragen (noch) sensibel? In: Theologisch-praktische Quartalsschrift 152 (2004), 3–15, 5.
5   Georg Langenhorst: Theologie und Literatur. Ein Handbuch. Darmstadt 2005, 229–235.
6   Ebd. 230.

ziert wird[7], wird hier mit literarischem Anspruch zum Ausgangs-
punkt der Betrachtung. Es geht um »literarische Verarbeitungen
biblischer oder allgemein religiöser Stoffe, Motive, Sprachformen
oder Themen.«[8] Dass dies didaktisch sinnvoll genutzt werden
kann, liegt auf der Hand.

2. Sprachsensibilisierung
Über Religion zu sprechen, ist nicht einfach. Hier bietet Literatur
Vorlagen, die im Sinne einer Sprachsensibilisierung aufgenom-
men werden können. Insgesamt gesehen verhilft Kinder- und
Jugendliteratur dazu, »sich von klein auf in der Welt von Wortes
Gnaden entdeckend zu bewegen«[9] formuliert Maria Lypp hier
treffend.

Die Beschäftigung mit Literatur kann zur religiösen Sprachsensibilisierung dienen, wenn die Chance genutzt wird, »das
produktive Erbe gerade religiöser Sprache zu erkennen und für
eigenes Schreiben oder eigene Analysen zu nutzen. Nicht nur die
stofflichen Anregungen aus dem Bereich des Religiösen prägen
die Literatur, sondern auf verborgener Ebene gerade die sprach-
lichen Erbspuren.«[10]

3. Erfahrungserweiterung
Dieser Aspekt sollte von der Gewichtung her in dieser Publikation eigentlich am Anfang stehen: Literatur ermöglicht einen
Rollenwechsel, mit Hilfe dessen die Welt mit den Augen anderer
gesehen werden kann. Erfahrungen werden in der literarischen

---

7   Vgl. Mirjam Zimmermann/Michael Hellwig: »Wo glaubst du hin?« Kreatives
     Schreiben im Religionsunterricht. Göttingen 2011.

8   Ebd.

9   Zit. nach Thomas Nauerth: »Aus Büchern lernen«. Kinder- und Jugendliteratur
     als religionspädagogisches Aufgabenfeld. In: Georg Langenhorst: Gestatten:
     Gott! Religion in der Kinder- und Jugendliteratur der Gegenwart. München
     2011, 158–168, 161. Nauerth zitiert Maria Lypp: Das kalkulierte Einfache. In:
     Dies.: Vom Kaspar zum König. Studien zur Kinderliteratur. Frankfurt/M.
     2000, 65–74, 72.

10   Georg Langenhorst: Literarische Texte im Religionsunterricht. Grund-
     legungen – neue Beispiele – Methoden. Ein Handbuch für Theorie und
     Praxis. Freiburg/Basel/Wien 2011, 59.

Rolle gemacht, Handlungsschwierigkeiten erlesen, Alternativen erdacht, Identitätsbildung erfolgt als Probetraining im Gewand der literarischen Identität.

»In der Auseinandersetzung mit in Texten verschlüsselten religiösen Erfahrungen anderer werden eigene Erfahrungen aufgerufen, aktiviert, zur Überprüfung herausgefordert. Gegen jeglichen Versuch der wissenschaftlichen Objektivierung gerade in Bezug auf religiöse Fragen können literarische Texte als ›Anwalt der Subjektivität‹ fungieren.«[11]

4. Wirklichkeitserschließung
   Die Erschließung der Wirklichkeit braucht gerade für Kinder und Jugendliche Hinweisschilder, damit in den Hintergrund Gerücktes nicht übersehen wird. Hier mag die Literatur ihren wichtigen Beitrag leisten, indem sie Phänomene benennt, die sonst vielleicht unerkannt geblieben wären. Sie kann damit sowohl Wahrnehmungs- als auch Gestaltungs- und Urteilskompetenz fördern.

5. Möglichkeitsandeutung
   Es ist das »als ob« und das »was sein könnte«, das oft die Faszination literarischer Texte ausmacht. Langenhorst umreißt diese Lernchance mit dem schönen Bild der »Grammatik der Sehnsucht«, in der letztlich auch die theologischen Aussagen über Gott beheimatet sind.[12]
   Die literarische Wirklichkeit kann über sich hinaus weisen und Inhalte auf Möglichkeiten hin transzendieren.
   Langenhorst wagt hier sogar, die Lernchancen in den Kompetenzen ›Deutungskompetenz‹, ›Wahrnehmungskompetenz‹, ›Ausdruckskompetenz‹ zusammenfassend, von einer »Transzendierungskompetenz« zu sprechen, der »Fähigkeit, eine die empirische Wirklichkeit übersteigende und sie umfassende Realität zu spüren, zu akzeptieren und von ihr aus das Weltbild zu bestimmen.«[13]

---

11 Langenhorst, Literarische Texte (2011), vgl. Anm. 10, 60.
12 Ebd. 62.
13 Ebd. 63.

1.4 Gefahren im Umgang mit Kinder- und Jugendliteratur

Dennoch sollte an dieser Stelle auch vor möglichen Gefahren gewarnt werden, die beim Einsatz literarischer Texte – vor allem in Form von Ganzschriften – im Religionsunterricht drohen:

- Literarische Texte dürfen nicht verzweckt werden, sondern bei ihrer Behandlung müssen Ästhetik und Gehalt, Form und Inhalt berücksichtigt werden. Außerdem sollten sie nicht nur als Einstieg dienen, sondern leitmedialen Charakter haben.

- Literarische Texte dürfen auf keinen Fall zu häufig eingesetzt werden, und wenn, dann didaktisch genau überlegt. Das bedeutet, dass deren Auswahl nur dann sinnvoll begründet werden kann, wenn andere Medien den Lernprozess nicht in gleicher Art und Weise unterstützen können.

- Ganzschriften ist gegenüber Textausschnitten der Vorzug zu geben, weil die Wirkung gerade religiöser Aspekte nicht im Textauszug geronnen vorliegt, sondern dem Gesamtwerk verpflichtet ist.

- Thomas Nauerth warnt vor Büchern, die negative Effekte für religiöse Lernprozesse haben können. Exemplarisch führt er hier Tilman Röhrigs »In 300 Jahren vielleicht« an und macht seinen Vorbehalt besonders an den darin enthaltenen Gewaltdarstellungen fest.[14] Angesichts der belasteten kirchlichen Tradition im Umgang mit Indices ist eine wie auch immer geartete Zensur natürlich heikel, die Frage muss aber gestellt werden.

1.5 Warum wird so wenig Kinder- und Jugendliteratur im Religionsunterricht behandelt?

Die Auseinandersetzung mit religiöser Kinder- und Jugendliteratur[15] litt in den letzten Jahrzehnten und in Ansätzen auch heute noch unter einer mehrfachen Marginalisierung.[16]

---

14 Vgl. Nauerth (2011), vgl. Anm. 9, 159 und 161.
15 Zur Problematik des Begriffs siehe unter 1.2, S. 12 f.
16 Georg Langenhorst: Gestatten: Gott! Religion in der Kinder- und Jugendliteratur der Gegenwart. München 2011, verweist auf die drei letztgenannten

Erstens findet sich immer noch eine gewisse Zurückhaltung der Kinder- und Jugendbuchautoren davor, religiöse Aspekte direkt zu benennen bzw. sich literarisch Gott anzunähern. Diese Versuche findet man, werden sie denn auf dem deutschen Büchermarkt überhaupt auffällig, häufig in christlichen Verlagen oder von wenigen Einzelautoren, die sich auf christliche Themen spezialisiert haben.[17] Lange Jahre haben Schriftstellerinnen und Schriftsteller das öffentliche Bekenntnis in Sachen Religion gescheut. Mit Freude stellt nun Georg Langenhorst im Blick auf die jüngsten Kinder- und Jugendbücher fest: »Nach Jahrzehnten der vorherrschenden Distanz zu Kirche, Glaube und Gottesfrage trauen sich SchriftstellerInnen zu öffentlichen Bekenntnissen in Sachen Religion.«[18]

Die Verlage scheinen allerdings zumindest zum Teil diese Vorbehalte noch nicht abgelegt zu haben, wie z. B. Christiane Thiel in einer Autorenlesung berichtete. Sie verwies auf die kritische Haltung, mit der immer noch von Lektorenseite christlichen Themen in der Jugendliteratur begegnet würde.[19]

Zweitens findet die Auseinandersetzung mit Kinder- und Jugendliteratur fast ausschließlich außerhalb des durchaus breit vorhandenen Diskurses um »Theologie und Literatur« statt. Forschungen zu Religion in der Kinder- und Jugendliteratur führen häufig ein Eigenleben, wie z. B. in den Jahrbüchern *Spurensuche. Religion in der Kinder- und Jugendliteratur*[20], und werden eher selten bei wissenschaftlichen Auseinandersetzungen zu Religion und Literatur berücksichtigt. Die religiöse Dimension der Kinder- und Jugend-

---

Probleme und bezieht sich auf Josef Rabl: Religion im Kinderbuch. Analyse zeitgenössischer Kinderliteratur unter religionspädagogischem Aspekt. Hardebek 1982. So auch der bezeichnende Titel der Publikation von Jürgen Heumann (Hg.): Auf der Suche nach Religion. Die Wiederkehr der Religion im Kinder- und Jugendbuch. Oldenburg 2007.

17 So z. B. Willi Fährmann, Arnulf Zitelmann, Jutta Richter, Monika Tworuschka, Hermann Schulz, Lene Mayer-Skumanz etc.

18 Langenhorst, Literarische Texte (2011), vgl. Anm. 10, 9. Langenhorst bezieht sich z. B. auf ein Interview mit Andreas Maier mit dem Titel »Ich gönne mir das Wort Gott« von 2005.

19 Lesung bei der Tagung »Jugendtheologie« am 6.9.2011.

20 Plöger Verlag Mülheim 1989–2007.

literatur wirkt von ihrer literaturwissenschaftlichen Beschäftigung her deshalb noch eher unterbelichtet.[21]

Drittens spielt die Kinder- und Jugendliteratur auch in der Religionspädagogik eine Nebenrolle. Versuche, Unterrichtshilfen in einer Reihe zur Behandlung von Jugendliteratur im Religionsunterricht anzubieten, scheiterten[22], die Vorgaben z. B. im Lehrplan NRW, Ganzschriften in den Jahrgängen der Oberstufe zu berücksichtigen, wurden nicht flächendeckend umgesetzt, und bei der Suche nach theoretischen Aufarbeitungen in den einschlägigen Datenbanken finden sich wenige Treffer. Hier scheint allerdings durchaus eine Wende einzutreten.[23]

Viertens hält sich das Vorurteil, dass die moderne Kinder- und Jugendliteratur durch »Magerkeit und Dürftigkeit religiöser Aussagen«[24] gekennzeichnet ist, beständig. Die schonungslose Kritik hat zwar einerseits eine Wende eingeleitet[25], andererseits wird Kinder- und Jugendbüchern immer noch vorgeworfen, das Religiöse bzw. das Christliche häufig auf ethische Kriterien zu reduzieren. Hubertus Halbfas sprach hier z. B. von »steriler Harmlosigkeit und literarischer Inferiorität.«[26]

Dass aber durch diese ethische Dimension der Leser sensibilisiert

---

21 So taucht die Kategorie in *Hans-Heino Ewers: Literatur für Kinder und Jugendliche. Eine Einführung in grundlegende Aspekte des Handlungs- und Symbolsystems Kinder- und Jugendliteratur. München 2000,* nicht auf, ebensowenig wie bei *Reiner Wild: Geschichte der deutschen Kinder- und Jugendliteratur. Stuttgart/Weimar 2008.*

22 Lektüren für den Religionsunterricht im Patmos-Verlag wurden nach wenigen Heften eingestellt.

23 Vgl. z. B. Langenhorst, Literarische Texte (2011), vgl. Anm. 10, und die Vielzahl von Literatur aus den letzten Jahren, die er zusammengetragen hat. Außerdem explizit S. 19: »Boom der Religion in der Kinder- und Jugendliteratur«; »Es findet sich derzeit ein neues Interesse an der spezifischen Frage nach Religion in der Kinder- und Jugendliteratur gerade von philologischer Seite«

24 Friedrich Hahn: Religiöse Probleme in der Literatur für junge Menschen. In: Josef Rabl (Hg.): Religiöse Kinderliteratur. Religionspädagogische Beiträge 1967–1980. Mainz/München 1981, 15–37, 33.

25 Vgl. Langenhorst, Literarische Texte (2011), vgl. Anm. 10, 10.

26 Hubertus Halbfas: Das religiöse Kinder- und Jugendbuch. In: Gerhard Haas (Hg.): Kinder- und Jugendliteratur. Ein Handbuch. Stuttgart 3. Aufl. 1984, 229–244, 233.

wird für die Schöpfung und seinen Nächsten und vor allem die für ethisches Lernen unabdingbare Perspektivenübernahme (»Wer liest, lebt doppelt!«) eingeleitet wird, wird bis heute zu wenig gesehen. Wenn Schüler »Situationen im individuellen und gesellschaftlichen Leben wahrnehmen« können sollen[27], ist die literarische Identität ein unverzichtbares Mittel, selbst wenn die religiöse Deutungsfähigkeit erst in einem nächsten, davon zu unterscheidenden Schritt angeleitet wird.

Die Wende hin zu einer beginnenden Wertschätzung kann mit Beginn der 80er Jahre angesetzt werden. Seit 1979 werden der »katholische Kinder- und Jugendbuchpreis« und der »evangelische Buchpreis« verliehen; verschiedene Dissertationen im Umfeld Kinder- und Jugendliteratur entstanden.[28] Bis sich diese Tendenz aber in der schulischen Praxis des Religionsunterrichts widerspiegeln wird, wird wohl noch einige Zeit vergehen.

1.6 Brauchen wir einen literarischen Kanon für den Religionsunterricht?

Versuche, in einer Art Kanon festzuhalten, was ›man‹ gelesen haben sollte, gibt es unzählige in Zeitschriften, Büchern und im Internet. Die Suche nach dieser Art Verbindlichkeiten blüht. Dahinter steht das Bemühen nach Übersicht, Orientierung, Absicherung in einem Kontext der Postmoderne, in dem vieles beliebig geworden ist. »Ein Kanon siebt und sondert, damit wir unsere Zeit und unsere Ressourcen der Sensibilität dem bestätigt und eindeutig Besten widmen können.«[29] In diesem Sinne kann das vorliegende Buch verstanden werden als Hilfe bei der Auswahl möglicher Ganzschriften von Bilderbüchern über Kinder- und Jugendbücher bis hin zu Erwach-

---

27 So EKD: Kompetenzen und Standards für den Evangelischen Religionsunterricht in der Sekundarstufe 1. Ein Orientierungsrahmen. Hannover 2010, 18.

28 Exemplarisch Josef Rabl: Religion im Kinderbuch. Analyse zeitgenössischer Kinderliteratur unter religionspädagogischem Aspekt. Hardebek 1982; Hans Mendl: Literatur als Spiegel christlichen Lebens. Religiöse Kinder- und Jugenderzählungen katholischer Autoren von 1750–1850. St. Ottilien 1995.

29 George Steiner: Von realer Gegenwart. München/Wien 1990, 90.

senenliteratur für den Religionsunterricht und vielleicht sogar für Gemeindeprojekte wie z. B. Literaturgottesdienste.

Es ist nicht leicht, die Auswahl objektiv zu begründen. Das Urteil von Rezensenten, das Erscheinen in renommierten Verlagen, Verkaufszahlen oder Lesererfahrungen können, wenn überhaupt, nur ergänzend herangezogen werden. Meine Auswahl ist von meinen Erfahrungen im Religionsunterricht geprägt, natürlich subjektiv und von meinen persönlichen Vorlieben bestimmt. Dennoch habe ich versucht, auch Kriterien, wie sie z. B. Martina Plieth[30] oder Winfred Kaminski nennen, zu berücksichtigen, wie:

– literarästhetische Aspekte,
– die Qualität bildhafter Elemente,
– die Authentizität der Darstellungen,
– den Veranschaulichungsgrad von Stimmungswerten,
– die Plausibilität von Lösungs- und Bewältigungsstrategien,
– die Kontinuität von Kommunikations- und Interaktionsstrukturen,
– die Offenheit bezüglich religiösen und/oder christlichen Wertmaßstäben
– die Möglichkeit der thematischen Anbindung an Themen des Religionsunterrichts.

Wer selbst Maßstäbe für die eigene Lektüre und ihre Brauchbarkeit für den Unterricht sucht, kann mit dieser Übersicht[31] vielleicht eine ausführlichere Hilfestellung erhalten:

1. Analyse:
– Welcher literarischen Gattung, welchem Genre, Buchtypus ist das Werk zuzuordnen?
– Welche Zielgruppe soll angesprochen werden?
– Welcher Thematik ist das Werk gewidmet?

---

30 Martina Plieth: Kind und Tod. Neukirchen-Vluyn 4. Aufl. 2009, 182–184.
31 Winfred Kaminski: Was ist »gute« Kinder- und Jugendbuchliteratur? Hinweise zur Bewertung und Beurteilung. In: Ders.: Einführung in die Kinder- und Jugendliteratur. Literarische Phantasie und gesellschaftliche Wirklichkeit. Weinheim 1999.

- Wie ist das Werk konzipiert? (linear/chronologisch/mit Rück- oder Vorblenden/Sprüngen zwischen realer und phantastischer Ebene)
- Welche Erzählzeit(en), welche Erzählpositionen (Ich-Erzähler, Er- oder auktorialer Erzähler) werden gewählt? – Ist das schlüssig?
- Welche Stilmittel werden eingesetzt?
- Ist die Gestaltung der Dialoge realistisch?
- Wie sind die inhaltlichen, formalen und kompositorischen Anliegen aufeinander abgestimmt?
- Wie versucht der Autor/die Autorin den Leser zu beeinflussen? (gefühlsbezogen, sachbezogen, wird die eigene Position des Autors als solche kenntlich gemacht?)
- Was wird beim Leser vorausgesetzt (z. B. Vorkenntnisse, geschlechtsspezifische Präferenz)?
- Ist die Bebilderung (realistisch, abstrahierend, karikierend) integraler Bestandteil, ordnet sie sich unter oder erzählt sie eine eigene Geschichte?
- Bei übersetzten Werken: Liest sich die Übersetzung wie ein Original oder »schimmert die Originalsprache durch« (Idiomatik, Redewendungen, Umgangssprache, Dialoge)?
- Sind das Format, der Satz (Schriftart, Größe, Satzspiegel, Zeilenfall, Umbruch) angemessen, finden sich viele Fehler, wie sind die Papierqualität, die Bindung, der Umschlag, der Klappentext?

2. Kriterien der Beurteilung:

2.1 Kriterien der literarischen Vorlage:

- Entspricht die literarische Qualität (siehe Analyse) einem sprachlich-stilistischen Standard?
- Ist die Handlung »logisch in sich« konstruiert und damit wahrhaftig oder bedient sie nur vorhandene Klischees?
- Hat der Text ästhetische Qualitäten, hat er Humor, Sprach- und Situationswitz?
- Ist die gesellschaftliche Interaktion realitätsnah?
- Ist die Grundstimmung optimistisch, indifferent oder pessimistisch?
- Stehen Text und Bilder (Cover) in einem sinnvollen funktionalen Verhältnis zueinander?

2.2 Kriterien der Rezeption:

– Befriedigt das Buch die in der Regel stark aktional getönten Lese-
bedürfnisse?

– Sind die im Buch aufgegriffenen Themen der Lebenswelt der Kin-
der/Jugendlichen verwandt und sind diese für die augenblickliche
und zukünftige Lebensführung bedeutsam?

– Berücksichtigt es die entwicklungspsychologisch bedingten
Bedürfnisse nach einem Simulationsraum zur momentan erleb-
ten Wirklichkeit und nach positioneller Umweltorientierung?

– Führt der (phantastische) Text zur Wirklichkeit zurück oder war
die phantastische Ebene nur Flucht oder »literarischer Gag«?
Gestattet die Fabel/Parabel/Metapher eine Umsetzung in reale
Erfahrung?

2.3 Pädagogische Kriterien:

– Enthält der Text Leseanreize für Nicht- bzw. Wenigleser?

– Ist der Text geeignet, ein Thema einer größeren Gruppe auch von
erst einmal Nicht-Interessierten zu erschließen?

– Behandelt das Buch etwas, das unter diesem Aspekt so noch
nicht gestaltet wurde?

– Hilft der Text den Lesern, sich selbst, ein Problem und die Welt
besser zu verstehen?

– Wird der Leser aufgefordert, vorgegebene Erkenntnisse zu repro-
duzieren, oder wird sie/er zu kreativer Eigenleistung ermuntert?

– Trägt der Text der psychischen und intellektuellen Belastbarkeit
der jungen Leser Rechnung?

– Ermutigt der Text zum Handeln nach gemachten Werterfah-
rungen?

– Wird ein bestimmtes Rollenverständnis gefestigt oder in Frage
gestellt?

Hierbei war für mich nicht die Frage leitend, die Georg Langenhorst
in seinem Buch »Christliche Literatur für unsere Zeit. Fünfzig Leseempfehlungen«[32] stellt: Gibt es im anbrechenden 21. Jahrhundert
einen Kanon an bleibend wichtiger ›christlicher Literatur?‹ Denn

---

32 München 2007, 11.

einerseits ist der Begriff »christliche Literatur« durch die Schwierigkeiten der Abgrenzung alles andere als unproblematisch,[33] andererseits verbindet er sich teilweise leider mit Assoziationen einer reaktionären Weltsicht, eines minderen ästhetischen Anspruchs und eines inhaltlichen Fokus auf christliche Erbauung, was der Sache oft überhaupt nicht angemessen ist.

Die Literatur, die ich für den Einsatz in Klassenzimmer und Gemeinde geeignet finde, ist oft der unter 2.1. und 2.2. genannten weiten Dimension verpflichtet; es finden sich in der Vorstellung aber auch einige geeignete Bücher, die unter die dritte Dimension fallen würden.

Jede Kinder- und Jugendliteratur kennzeichnet die Gleichzeitigkeit von pädagogischen und literarischen Dimensionen, ob sie Alltagsgeschichten erzählt oder Verhaltensanweisungen vermitteln will, ob sie weltdistanzierend phantastische Realitäten entwirft oder zeitkritisch auf aktuelle Problemlagen von Gesellschaft oder Individuen verweist und damit ihre Leser aufklären will, oder, wenn sie umgekehrt Erziehung von Kindern vehement zurückweist. In jedem Fall werden mehr oder weniger direkt Werte und Normen vermittelt, vielleicht sogar besonders an den Stellen, an denen solche bewusst weggelassen werden. In den didaktischen Anregungen werden dazu Anknüpfungspunkte genannt, die als »didaktische Grundgedanken« Ideen geben wollen.

Natürlich müssen Bücher, die im Klassensatz im Religionsunterricht gelesen werden können, erschwinglich sein, während dieses Kriterium für ein Bilderbuch, das exemplarisch vorgelesen oder für eine Gruppenarbeit nutzbar gemacht wird, nicht gilt.

Auch vergriffene Bücher wurden aufgenommen, weil sie heutzutage z. B. über das Internet oder Antiquariate meist problemlos zu erhalten sind und somit zum Vorlesen zur Verfügung stehen.

---

33 Vgl. S. 12ff. 2. Zum Begriff

1.7 Methodische Anregungen zum Umgang mit Kinder- und Jugendbüchern im Religionsunterricht

Lehrpersonen, die Kinder- bzw. Jugendliteratur im Religionsunterricht lesen bzw. Auszüge daraus vorlesen wollen, sind nicht unbedingt immer auch in den methodischen Möglichkeiten des Umgangs mit Texten geschult, wie z. B. Deutschlehrer. Deshalb sei an dieser Stelle eine Liste mit möglichen Methoden angeboten:[34]

Traditionelle Methoden zum Umgang mit Texten

In einer natürlich erweiterbaren allgemeinen Liste sollen erst einmal traditionelle Verfahren zum Umgang mit Texten und Themen kurz genannt werden. Stärker handlungs- und produktionsorientierte Verfahren folgen anschließend.

Die *erste Begegnung mit einem Text* kann durch häusliche Vorbereitung mit oder ohne Leitfragen oder Untersuchungsaufträge, durch stilles Lesen oder Vorlesen im Unterricht, durch Nacherzählen seitens der Schüler, Lehrer oder durch Darbietung auf DVD/CD (Hörbuch) erfolgen.

Bei Bilderbüchern kann man über ausgewählte Bilder einsteigen, deren Abfolge die Handlung erschließt.

Eine erste Texterschließung kann von spontanen Äußerungen der Schüler oder vom Inhalt aus (z. B. leitmotivisch, von der Handlungsentwicklung, Gruppierungen, Figuren aus) erfolgen. Andere Texte können zum Vergleich herangezogen werden, oder übergreifende Gesichtspunkte (Verhaltensweisen, [historische] Gegebenheiten, aktuelle Anlässe, Biographie des Autors/der Autorin) ergeben erste Anknüpfungspunkte.

Zur *Vertiefung der Texterschließung* bietet sich ein schrittweises Vorgehen (Erschließen der Handlung, Vergleich mit tatsächlicher Handlung), eine erste strukturale Analyse (Anfang – Schluss – Gegenüber-

---

34 Diese Liste findet sich ähnlich auch in Mirjam Zimmermann: Religionsunterricht praktisch mit Jugendliteratur. Materialien für die Sekundarstufe I. Göttingen 2006, 8–13.

stellung, Höhepunkt, Gelenkstellen, sprachlich-formale Struktur), die exemplarische Analyse einzelner Abschnitte, Motive, Themen, oder eine vergleichende Analyse z. B. mit anderen Texten/Gattungen an.

Um beim Lesevorgang *Informationen aus Texten zu markieren,* können Schlüsselbegriffe hervorgehoben werden, kann man den Text in Abschnitte gliedern und diesen Überschriften geben. Unter Umständen können wichtige Informationen aus den Abschnitten zusammengefasst und am Rand notiert werden. Denkbar ist aber auch, ein Inhaltsverzeichnis zu erstellen und zusätzlich jeweils Stichworte auf der Seite oben zu notieren bzw. ein Stichwort-/Themenverzeichnis mit Seitenangabe anfertigen zu lassen.

Personen werden durch farbige Unterstreichungen leichter zugänglich (Wichtiges zu jeder Person wird mit einer speziellen »Personenfarbe« angestrichen).

Ebenso ist es möglich, *Inhaltsangaben* vortragen zu lassen, bei denen jeweils ein/e Schüler/in oder eine Schülergruppe den Text/ das Kapitel/ den Abschnitt kurz und sachlich mit eigenen Worten zusammenfasst, sodass der Leser, der den Text nicht kennt, über das Wesentliche informiert wird. (Bei einem Buch: Autor, Titel, wann entstanden, erschienen, wieder aufgelegt, Textsorte, Thema, Personen, Handlung, Probleme.)

Um *Personen zu charakterisieren,* werden die wichtigsten Eigenschaften einer literarischen Figur zusammengestellt, die die Figur vermutlich auf Dauer auszeichnen. Dabei berücksichtigt man das Äußere der Person (Erscheinung, Kleidung, Körperhaltung, Alter, Beruf …), das Verhalten generell und in besonderen Situationen, das Innere (Gedanken, Gefühle, Pläne, Einstellungen, Motive, Absichten); Personen werden verglichen bzw. deren Entwicklung wird aufgezeigt (z. B. durch eine Lebenskurve unter Auftrag von Zeit auf der x-Achse und Bewertung der Erlebnisse in positiv und negativ auf der y-Achse) oder Beziehungen werden z. B. durch Schaubilder deutlich gemacht.

Häufig wird es darum gehen, *zu einem Thema im Text begründet Stellung nehmen* zu lassen. Dabei ist wichtig, den Adressaten zu berücksichtigen und die (eigene) These in einem Satz zu formulieren. Es sollten Argumente aus dem Text gesammelt werden, die diese These stützen, und die Argumente u. U. durch Belege (Statistiken, wissenschaftliche Ergebnisse) untermauert werden.

Stilmittel wie Vergleiche, Metaphern, Personifikationen und deren Wirkungen zu untersuchen, wird eher Aufgabe des Deutschunterrichts sein. Dennoch hilft dies sprachpropädeutisch auch für das Lesen und Verstehen theologischer Texte.

Gleiches gilt für *Erzählhaltung(en),* deren Wechsel und die damit verbundene Wirkung z. b. herausgearbeitet werden können. Man unterscheidet den personalen Erzähler (Ich-Erzähler), der in seinem Wissen begrenzt ist, und den auktorialen Erzähler (meist Er-Erzähler), dessen Wissen und Möglichkeiten in Form von Reflexionen, Andeutungen und Verweisen über die Kompetenzen einer innertextlichen Person hinausreichen.

Produktive Verfahren im Umgang mit erzählenden Texten

Alle unten aufgeführten Verfahren einschließlich der Modifikation des Originaltextes sollen nicht als Selbstzweck verstanden werden, sondern geschehen, um die Rezeption zu intensivieren, sodass die im üblichen flüchtigen Leseprozess nicht wahrgenommenen, aber doch wichtigen Aspekte des Textes eher zur Geltung kommen können. Der Text soll so intensiver und aktiver aufgefasst und erfahren werden.

Die produktive Textveränderung erfordert Vorstellungsvorgänge und Phantasie und aktiviert die eigene Erlebniswelt des Lesers. Mit den dargestellten Verfahren wird also unterstützt, was die rezeptionsästhetische Theorie vom Leser als Koproduzenten formuliert hat, und was eigentlich auch bei jedem »normalen« Leseprozess passiert: Der Text wird über den bloßen Textbestand hinaus konkretisiert und erweitert, und eigene Bedürfnisse, eigenes Verstehen und eigene Erfahrungen werden in das Verständnis des Textes eingebracht.

Die vorgestellten Methoden sollen aber so eingesetzt werden, dass sie anleiten, den Text, seine Strukturen, seine Form und seine Inhalte in ihren geschichtlichen und gesellschaftlichen Bezügen konkreter zu erfahren und handlungsorientierter zu erfassen. Welcher

Zugriff gewählt wird, darüber entscheiden die Analyse des Werkes und die Verstehensabsichten der Lehrperson im konkreten Unterrichtsprozess.

Bevor das Buch gelesen wird, kann die Handlung aus Angabe von Personen, Problem bzw. Dilemma oder aus dem Cover heraus als Geschichte konstruiert und formuliert werden. Die Abweichungen der Erzählung zu den eigenen Ideen bewirken meist eine Lesemotivation.

Bei der *Erstbegegnung mit dem Text* kann dessen Anfang durch die Lehrperson vorgelesen werden. Bei Gelenkstellen kann unterbrochen werden, um über den Handlungsfortschritt gemeinsam Vermutungen anzustellen. Diese Gelenkstellen müssen im Vorhinein sorgfältig bestimmt werden. Möglich ist auch ein Erlesen des Textes in verteilten Rollen.

Wenn das *Buch vorbereitend gelesen* wurde, gibt es gute Erfahrungen damit, den *Inhalt* durch gemeinsames Erzählen zu *vergegenwärtigen*. Schüler haben jeweils ein einzelnes Kapitel besonders vorbereitet, eventuell ein Bild oder eine Collage dazu erstellt, und erzählen dieses den anderen. Am besten bereiten jeweils mehrere Schüler einen Textteil vor, sodass sie sich gegenseitig ergänzend helfen können. Die Bilder zum Kapitel können das Erinnern unterstützen und verbleiben als visuelle Gliederung der Lektüre in der Klasse.

Alternativ können zu den Themen im Buch *Symbole* gesucht werden, auf denen erste Deutungsversuche und Textstellen zum Symbol gesammelt werden. Diese Symbole (möglichst auf großformatigem Papier) bleiben im Klassenzimmer, und auf sie wird im Laufe der Einheit Bezug genommen bzw. sie werden ergänzt.

Für *Bücher- oder Kapitelvorstellungen* eignen sich sogenannte *Lesekisten*. Diese werden bei der Vorstellung mit zum Buch/Kapitel passenden Requisiten gefüllt, denn die für den Inhalt zentralen Dinge erleichtern und strukturieren die Buch- bzw. Kapitelvorstellung. Eifrige Schüler gestalten dazu richtige Landschaften bzw. Räume in der Lesekiste, die für das Buch/das Kapitel wichtig sind.

Personen können auf folgende Art und Weise *vorgestellt* werden: Die Schüler übernehmen je eine Person des Textes und stellen sich anhand von gemachten Stichworten oder ausformulierten Texten in Ich-Form vor, z. B. »Ich bin …«. Anschließend kann die Figur über ihre Handlungsmotivation etc. von den anderen befragt werden.

Möglich ist auch, ein Plakat zu einer Figur zu erstellen: Auf dem Plakat werden während des Lesens alle Informationen aus dem Text mit Seitenangabe eingetragen. Dies wird durch gemalte oder ausgeschnittene Bilder als Collage ergänzt.

Alternativ können die Schüler aus einem Bilderordner Bilder suchen, die am ehesten zur gewählten Person passen. Die Auswahl wird begründet.

Da der *Brief* als Textsorte den Schülern bekannt ist, kann eine solche Textform auf die Lektüre zugespitzt werden, indem den Schülern der fiktive Verfasser und der fiktive Adressat vorgegeben werden. So werden in Briefform mögliche Gedanken und Erlebnisweisen zum Ausdruck gebracht.

Ähnliches intendieren fiktive Tagebucheinträge, die Erlebtes überdenken und aus Figurenperspektive zu einer Rekapitulation und intensivierten Wahrnehmung der Handlung anleiten.

Verwandt mit dem Schreiben eines *Tagebucheintrags* wird an Stellen, an denen sich die Figuren in Konflikt- oder Entscheidungssituationen befinden, ein schriftliches Resümieren über die Situation in Form eines »*inneren Monologs*« gefordert. Zum leichteren Schreibeinstieg kann ein erster Satz vorgegeben werden.

Durch das *Erfinden eines Traumes* an einer bestimmten Stelle im Buch wird besonders die Situation einer Einzelfigur aufgegriffen und in andere Bilder transformiert, um die Gefühle der Figur zu gestalten.

Auch mit *Lesetagebüchern*, bei denen parallel zum Lesen zu jedem Kapitel Gedanken, Fragen, Kritik in ein Lesetagebuch geschrieben werden, sind gute Erfahrungen gemacht worden. Will man Literatur *szenisch inszenieren und damit interpretieren*, kann z. B. eine Textstelle entweder als Dialog umgeschrieben oder aus dem Stegreif nachgespielt werden. Auch Pantomime, Schattenspiel oder das Spiel mit Handpuppen sind zur Umsetzung in Szenen geeignet.

Eine leichtere Methode zum Einstieg ist die des Standbildbauens. Diese kann man sich so vorstellen, dass ein unsichtbarer Fotograf an einer zentralen Textstelle ein Foto gemacht hat – die Handlung wird quasi eingefroren. Diese Szene soll nun von mehreren Schülern dargestellt werden. Dazu muss die Gruppe überlegen, wie ein solches Standbild aussehen soll; ein verantwortlicher Regisseur »baut« dann die Szene, indem er die Personen anordnet (ohne zu sprechen!) oder durch Vormachen positioniert.

Besonders bei *Entscheidungskonflikten* hilft die Methode des Doppelns: Durch einen Doppelgänger wird eine Stelle im Buch, die einen Entscheidungskonflikt darstellt, ausgeführt. Die beiden Kontrahenten vertreten je eine entgegengesetzte Position.

Man könnte auch je einen Stuhl als Person ausweisen – alle, die im Namen der Person Argumente finden, äußern diese, während sie auf dem entsprechenden Stuhl sitzen.

Zur Beurteilung der *Frage nach Recht und Gerechtigkeit* hilft der Entwurf einer Anklage- und Verteidigungsschrift für eine Person bzw. die Durchführung eines Gerichtsverfahrens.

Das Bild von in einem *Spinnennetz* gefangenen Personen bietet sich bei vielen Plots an, um die Problematik der Personen und das beschriebene, oft *vielschichtige und vernetzte Problem zu veranschaulichen*.

Um die *Fremdheit anderer Lebenswelten* deutlich werden zu lassen, hilft eine Beschreibung des Erscheinens einer Erzählfigur in der eigenen Lebenswelt bzw. des Eintauchens von einem Schüler in die Erzählung mit den jeweiligen Problemen (z. B. ein deutscher Schüler findet sich plötzlich in einem afrikanischen Dorf wieder, oder Felipe, ein in einem Slum aufgewachsener peruanischer Junge, ist plötzlich bei uns in der Schule: Was fällt uns jeweils auf, wo gibt es Probleme, Missverständnisse etc.?) Problematisch ist, wenn diese Figur ins Lächerliche gezogen wird.

Zu den kreativen Methoden der *Beschäftigung mit der Handlung* zählt z. B. das Verändern eines Textausschnitts in eine andere Textsorte: einer Handlung in einen Zeitungsbericht, einer Erzählung in ein

Interview mit einer der beteiligten Personen, eines Dialogs in einen Comic oder in eine Fotostory etc.

Denkbar ist ebenfalls, die *Erzählhaltung zu verändern* (vom Ich-Erzähler zum auktorialen bzw. personalen Erzähler) und so einzelne Textpassagen umzuschreiben. Ebenso kann an zentralen Stellen überlegt werden, wie der mögliche Fortgang der Handlung aussehen könnte, z. B. um Handlungsalternativen aufzuzeigen. Das *Ausfüllen* von Handlungen, die im Text nur angedeutet werden (*Leerstellen*), und von Zeitsprüngen im Handlungsverlauf, kann zusätzlich sinnvoll eingesetzt werden. Auch eine ergänzte genauere Beschreibung von wichtigen Städten, Orten, Landschaften, Räumen, Gebäuden etc. in ihrer zeitbedingten historischen Eigenart, besonders, wenn die Handlung weiter zurückliegt, trägt zum Verständnis bei.

Über den Bödecker-Kreis[35] bekommt man die Adressen der Landesverbände, die Lesungen unterstützen. So kann man *Autoreneinladungen* z. B. (teil-)finanzieren lassen. Fragen an die Autoren sollten vorher vorbereitet werden. Eine direkte Begegnung mit solchen Persönlichkeiten ist für die Schüler oft sehr beeindruckend.

Über die Verlage können Briefe an die Kinder- und Jugendbuchautor/innen weitergeleitet werden, sodass sich das Schreiben eines (fiktiven oder realen) Briefs an den Autor über Probleme mit seinem Buch und Fragen dazu lohnt. Diese Briefe werden oftmals von den Autoren beantwortet.

---

35 www.boedecker-kreis. de (Zugriff am 30.05.2012).

2 Buchvorschläge zur Behandlung im Religionsunterricht nach Themen geordnet

2.1 Gott – Gottesbild

Mary E. Pearson:
Unterbrich mich nicht, Gott.
Ravensburger Buchverlag: Ravensburg
2002/2010
Seitenzahl: 128
Preis: 5,95 €

Ab Klasse 7/Fokus: Religion Gottesbild

Inhalt

David, der Sprücheklopfer der Klasse, ist zusammen mit einigen Mit-schülern und der Lehrerin Mrs. Dunne in deren Van auf dem Weg zu einer Exkursion ihres Biologie-Leistungskurses, als der Wagen in einer Kurve von der Straße abkommt. Er landet im Graben, und alle sechs Insassen schweben in den Himmel.

Marie, die Mitschülerin, mit der David bisher am wenigsten zu tun hatte, spricht als erste aus, was David absolut nicht wahrhaben will: Alle sind tot (Kapitel 1).

Doch David und Marie halten ihren Tod für eine Verwechslung und beschweren sich bei Leonardo, der von allen nur Nardo genannt wird. Der ist der Engel und »Reiseleiter« der Gruppe auf dem Weg in den Himmel. Gott, der von Nardo immer nur Sam genannt wird, lehnt ein Gespräch mit David über die vermeintliche Verwechslung ab. David habe zu Lebzeiten auch nie ernsthaft mit ihm gespro-chen. Nun bittet David um eine Debatte mit Gott. David ist nämlich von seiner Direktorin zwangsweise in den Debattierclub der Schule geschickt worden, dessen Vorsitzende Marie ist (Kapitel 2). Gott willigt schließlich in die Debatte ein, und so müssen sich David und Marie zusammenraufen und machen sich an die Vorbereitungen. Während die beiden ein Argument nach dem anderen suchen und doch feststellen, dass alle nicht stichhaltig sind, lässt Gott durch Nardo seine »Tagebücher«, vor allem das Buch Genesis, und einige Botschaften auf kleinen Zetteln überbringen, die jedoch zunächst nicht weiterhelfen (Kapitel 4–6). Derweil vergnügt sich der Rest ihrer kleinen Schulgruppe bereits im Himmel. Bei der Arbeit kommen sich Marie und David näher, stehen zu ihren Schwächen, Eigenheiten und Fehlern (Kapitel 5+7) und lernen auch die Geschichte des Gotteskämpfers Jakob aus Gottes Büchern zu nutzen (Kapitel 10). Am Ende steht schließlich die Debatte mit Gott in der größten Arena des Himmels. Gott gesteht David so viel Zeit zu, wie er nur braucht. Dies nutzt David, um unzählige, aber letztlich unbrauchbare Argumente vorzubringen. David zeigt dadurch jedoch, dass er nicht gewillt ist, aufzugeben, und sagt dies auch, indem er sich mit dem mit Gott ringenden Jakob vergleicht. In seinem 45. Argument offenbart David seine Gründe, warum er an dieser Debatte notfalls ewig festhalten will. Er erkennt und äußert, dass man Menschen, auch wenn sie noch so verschieden von einem selbst sind, ebenso wenig wie seine eigenen Träume aufgeben darf. Sonst lebe man doch »wie tot« auf der Erde. Daher müsse er zurück auf die Erde, um dort noch einige Dinge in seinem bisherigen Leben zu korrigieren. Dieses Argument überzeugt. Gott erklärt David zum Sieger und beide, David und Marie, dürfen zurück auf die Erde (Kapitel 11).

Zur Autorin

Mary E. Pearson wurde 1955 in Südkalifornien geboren, studierte Kunst an der Long Beach State University und lehrte an der San Diego State University, bevor sie sich ganz dem Schreiben widmete. Sie hat einige Jugendromane geschrieben, wobei ihr erstes Buch »Unterbrich mich nicht, Gott« mehrfach ausgezeichnet wurde.

Didaktische Grundgedanken

Das Ringen mit Gott ist ein zentrales Thema in diesem Buch. Darüber hinaus wird auf humorvolle Weise über Gott, das Gottesbild und auch die Vorstellung vom Himmel aus der Sicht von Jugendlichen philosophiert. Mit Hilfe der im Buch genannten Vorstellungen vom Gotteshimmel (S. 29–33, 53) lassen sich die vielfältigen *Gottesvorstellungen* einer Schulklasse bzw. Lerngruppe thematisieren. In diesem Zusammenhang können auch die verschiedenen Gottesnamen diskutiert werden. Die Beziehungen zu Mitmenschen und vor allem das Thema *Freundschaft* sind weitere zentrale Aspekte des Buches (S. 41, 67 f., 73), welche gerade für Schüler ab der 7. Klasse bedeutend sind. Hier lassen sich gut Vorwissen und Erfahrungen der Jugendlichen einbringen, aber auch philosophische Diskussionen über *den Sinn des eigenen Lebens* führen (S. 112 f.). Als fächerübergreifenden Gegenstand mit dem Fach Biologie können die Schüler mit Hilfe dieses Buches *Nahtod-Erfahrungen* (S. 9–11, 120) sowohl von ihrer wissenschaftlichen Erklärung her betrachten als auch die psychoreligiösen Interpretationen untersuchen.

Weiterführende Literatur
Ulla Linnemann und Mary E. Pearson: »Unterbrich mich nicht, Gott«. Materialien zur Unterrichtspraxis. Ravensburg 2004

Friedrich Christian Delius:
Der Sonntag, an dem ich Weltmeister wurde.
Rowohlt Verlag: Berlin 1994/2004
Seitenzahl: 128
Preis: 6,99 €

Ab Klasse 10/Fokus: christlich autoritäre Erziehung, Gott

Inhalt
Im hessischen Dörfchen Wehrda, einer Dreitausend-Seelen-Gemeinde, in der der Autor F.C. Delius aufwuchs, läuten am Sonntagmorgen die Glocken. Der Protagonist, ein elfjähriger Pastorensohn, weiß, was das zu bedeuten hat. Fast emotionslos wird zu Beginn der Handlung ein Sonntagmorgen mit dem wöchentlichen Pflichtpro-

gramm beschrieben: Kirchgang, die mütterliche Ermahnung, den Feiertag durch Bravsein zu heiligen, die Aufforderung des Vaters, bei der Predigt aufmerksam zu sein. Und tatsächlich hat der Ich-Erzähler ein schlechtes Gewissen, weil ihm beim Vaterunser zu »Kraft und Herrlichkeit« nur Fritz Walter einfällt. Soll doch am Nachmittag des beschriebenen Tages (4. Juli 1954) Deutschland als krasser Außenseiter gegen den Favoriten Ungarn im Weltmeisterschaftsendspiel antreten. Dass Deutschland gewinnt, kann der Junge ja noch nicht wissen.

Delius beschreibt aus der Perspektive des Kindes, wie eine patriarchale christliche Erziehung funktioniert. Ähnlich wie Jutta Richter in »Himmel, Hölle, Fegefeuer« mit ihrer persönlichen Geschichte abrechnet, so tut Delius dies hier auf seine Art und Weise. Der Vater nimmt gottähnliche Gestalt an, Träume nach einem warmen Bett werden zu Sünden wider den heiligen Geist, und seine vom Vater kritisierte Gefräßigkeit, für einen Jungen seines Alters eigentlich völlig normal, stürzt den Protagonisten in Seelenqualen. So ist der Junge unkonzentriert und vereinsamt, leidet an Schuppenflechte und stottert. Fängt er an, sich nur in leisester Hinsicht zu wehren, sexuelle Gedanken zu haben oder aufzumüpfen, fällt ihm sofort das Bild eines fischefangenden Jesus ein, und er spürt den Angelhaken tief in seinem Nacken. Die christliche Botschaft ist für ihn alles andere als eine Befreiung: Das Pfarrhaus wirkt fast wie der Vorhof zur Hölle.

Das Anhören des Fußballendspiels im Radio wird nun aber zu einem Befreiungsschlag. Erst fällt dem Jungen das religiöse Vokabular des Radiokommentators Herbert Zimmermann auf, beispielsweise als der Reporter den Torwart Toni Turek »*Fußballgott*« nennt. Der mediale Antigottesdienst im Fußballspiel missbraucht eigentlich die züchtige Sprache des Vaters, macht sie so aber verständlich. Der Junge fragt sich, ob er durchs Fußballhören gegen das erste der Zehn Gebote verstößt. Im Verlauf des Anhörens bezeichnet er die Radioreportage aber als »unerhörten Gottesdienst«. Religiöse Realitäten wie »Allmacht«, »Wunder«, »dass die Letzten die Ersten sein werden« oder »Rettung« eröffnen sich in der Fußballsprache und werden so für den Protagonisten verständlich. Die befreiende Kraft der Sprache und der Inhalte erschließen sich ihm wie durch ein Wunder, die Radioansprache wird zur religiösen Befreiung.

Delius Erzählung ist so selbst ein Gleichnis, »eine Parabel von den Verheißungen der Phantasie, wo der Mensch sein darf, weil er spielt.«[1]

Zum Autor

Friedrich Christian Delius, geboren 1943 in Rom, wuchs im hessischen Wehrda auf, studierte Literaturwissenschaft, arbeitete als Verlagslektor und ist seit 1978 freier Schriftsteller. Er ist Mitglied des P.E.N.-Zentrums Deutschland[2] und seit 1998 der Deutschen Akademie für Sprache und Dichtung. 2007 erhielt er nach vielen anderen Auszeichnungen den Joseph-Breitbach-Preis, den höchstdotierten Literaturpreis für deutschsprachige Autoren.

Didaktische Grundgedanken

Die Erzählung hat nicht die Fußballweltmeisterschaft 1954 zum Thema. Vielmehr handelt sie von Vätern, von der *Unterdrückung durch Erziehung,* dem engen Dorfleben mit seinen *christlichen Zwängen,* von der Nachkriegszeit, dem Aufwachsen nahe der »Zonengrenze« und von *pubertären Sehnsüchten und Ängsten.*

Die Situation eines Jugendlichen, der durch christliche Inhalte zu Schuldgefühl und Erniedrigung erzogen wurde, dies selbst aber konstruktiv nutzen kann, wird durch die Lektüre besonders deutlich.

Wie sehr in der *Sprache des Fußballs* Vokabular aus Religion und Theologie aufgenommen wird, kann auch z. B. durch Analysen von aktuellem Fanverhalten vertieft werden, und vielleicht mag auch manchem/r Schüler/in die Anschauung der Bildebene im Fußball dabei helfen, die religiösen Symbole zu verstehen.

Weiterführende Literatur

Helmut Flad und Theo Herold: Der Sonntag, an dem ich Weltmeister wurde. LiteraNova. Unterrichtsmodelle mit Kopiervorlagen. Berlin 2006

---

1   Der Tagespiegel 1.5.1994, Denner, Gott als Abseitsfalle? zu finden unter www.fcdelius.de/buecher/sonntag.html
2   Das P.E:N-Zentrum Deutschland gehört zum Internationalen P.E.N. Die drei Buchstaben stehen für die Wörter Poets, Essayists, Novelist. 1921 wurde der P.E.N in England gegründet und hat sich seitdem schnell ausgebreitet. Heute gilt er als Stimme verfolgter und unterdrückter Schriftsteller.

Hiltraud Olbrich:
Was der alte Nils von Gott weiß.
Kaufmann Verlag: Lahr 2001/2006
Seitenzahl: 32 Seiten
Preis: 2,95 €

Ab Klasse 3/Fokus: Gottesbild

Inhalt

Das Buch »Was der alte Nils von Gott weiß« ist eine Fortsetzung zum Buch »Abschied von Tante Sofia«, kann allerdings auch alleine gelesen und verstanden werden.

Die Hauptpersonen sind die beiden Freunde Fabian und Franziska. Sie erleben mit, wie ihr alter Nachbar Nils die Katze der unfreundlichen Frau Matzke vor einem Auto rettet. Über Nils' Ausspruch »Gott sei Dank ist das noch mal gut gegangen« denkt vor allem Franziska lange nach. Sie hat schon immer wissen wollen, wie das mit Gott ist, und beschließt den alten Nils danach zu fragen. Dieser macht sich Gedanken über die Frage der Kinder und die Bemerkung von Fabian, dass sein Vater nur an das Sichtbare glaubt. Er erklärt den beiden, dass es kein fertiges Bild von Gott gibt, aber dass man viele Spuren von ihm entdecken kann. Er berichtet von Gottes Spuren in Form von menschlicher Nächstenliebe, die er selbst vor langer Zeit im Krieg erlebt habe.

Bei einem anschließenden Besuch des Grabes ihrer Tante Sofia beschließt Franziska, selbst nach Spuren von Gott zu suchen. Am nächsten Tag ist das Kätzchen von Frau Matzke verschwunden. Die ältere Frau verdächtigt Fabian und Franziska, die Katze eingesperrt zu haben. In der Hoffnung, die Katze wieder zu finden, schaltet sie sogar eine Anzeige in der Zeitung. Franziska kümmert das aber nicht, da sie Frau Matzke auf Grund ihrer Unhöflichkeit nicht leiden kann, und sie verabredet sich mit Fabian zum Schwimmen. Als sie jedoch bei Fabian ankommt, hat dieser sich entschlossen, die Katze zu suchen, weil ihm die alte Frau Leid tut. Franziska kann das nicht verstehen und es kommt zum Streit zwischen den beiden Freunden, in dessen Verlauf Franziska wegrennt. Sie setzt sich unter einen Baum und denkt darüber nach, was gerade passiert ist. Sie erkennt, dass sie sich falsch verhalten hat und erinnert sich an die Worte des alten Nils über Liebe und Hilfsbereitschaft. Franziska begreift in diesem Augenblick das Verhalten von Fabian als Spur Gottes, nach der sie die ganze Zeit über auf der Suche ist, und läuft zurück zu Fabian. Sie trifft ihn am Bahndamm, als er gerade Frau Matzkes Katze gefunden hat. Der alte Nils, der auch zufällig vorbeikommt, erklärt dem verdutzten Fabian, dass er selbst eine Spur Gottes ist.

Das ganze Buch dreht sich um die Suche nach Gott. Die beiden Kinder erkennen, dass Gott auf vielfältige Weise Spuren hinterlassen kann und dass diese Spuren alle etwas mit Liebe zu tun haben.

Zur Autorin

Hiltraud Olbrich, Jahrgang 1937, ist Religionspädagogin. Seit 1991 ist sie als freie Autorin in Steinfurt tätig. Olbrich erhielt 1982 den Kinderbuchpreis der Stadt Wien für ihr Buch »Eins zu null für Bert« und wurde in die Ehrenliste zum Österreichischen Kinder- und Jugendbuchpreis aufgenommen.

Didaktische Grundgedanken

Das Buch zeigt deutlich, wie schwer es für Menschen ist, an *etwas zu glauben, was sie nicht sehen.* Der Kommentar von Fabians Vater (S. 12) dürfte den Kindern daher durchaus vertraut sein. Mit Hilfe dieses Büchleins können Schüler erkennen, wie man Gott am besten »auf die Spur kommt«, sie werden zu *Nächstenliebe und Hilfsbereitschaft* angeregt und sehen, wo *man Gottes Spuren* überall finden kann.

Lene Meyer-Skumanz:
Gott, ich hab einen Tipp für dich.
Gabriel Verlag: Wien 2002. Neuauflage:
Gabriel/Thienemann Verlag: Stuttgart 2012
Seitenzahl: 96
Preis: 9,95 €

Ab Klasse 3/Fokus: Gebet, Glauben,
Beziehung zu Gott, Nächstenliebe,
Religionen, Familie

Inhalt

Laura ist ein ganz gewöhnliches Mädchen und erlebt ganz gewöhn-
liche Freuden und Sorgen. Sie besucht die zweite Klasse, unternimmt
viel mit ihren Freunden und lernt gerade, wie es ist, eine ältere
Schwester zu sein, denn Lauras Mama bekommt ein Baby. Eine
Sache ist allerdings nicht so gewöhnlich an Laura: Sie redet gerne
mit Gott. Besonders dann, wenn sie Sorgen hat oder wenn sie sich
über etwas freut. Dann redet sie nicht nur mit Gott, sie gibt ihm
sogar Ratschläge und hilft ihm dabei, anderen Menschen Gutes zu
tun. Dass Gott sich um die Menschen sorgt, weiß Laura von ihrer
Nachbarin, der alten Apothekerin, die eigentlich Frau Mühlheim
heißt. Frau Mühlheim hat Laura erzählt, dass Gott den Menschen
immer wieder Liebesbriefe schreibt. Sie müssten nur danach Aus-
schau halten.

Da ist zum Beispiel ihr Klassenkamerad Dominik, der nicht daran
glauben kann, dass es einen Gott gibt, weil er in den Nachrichten
gesehen hat, wie ein Baby bei einem Bombenanschlag ums Leben
kam. Außerdem ist Dominik sehr unglücklich, weil seine Eltern sich
immer streiten, wenn sein Vater mal zu Hause ist.

Julia, ihre Freundin aus der Klasse, hat eine Uroma, die Laura
sehr gern hat. Doch die Uroma ist schon alt und kann nicht mal
mehr alleine essen und trinken, sie ist immer auf Hilfe angewiesen.
Um die und um ihre eigene Oma macht Laura sich auch Sorgen. Ihr
Opa hat sie nämlich für eine viel jüngere Frau verlassen und deshalb
ist Oma jetzt sehr traurig. Aber am allergrößten ist Lauras Sorge, als
sie mit Amina, ihrer muslimischen Freundin, zur Schule gehen will

und drei große Jungs ihr das Kopftuch herunterreißen und ihr sehr
böse Dinge zurufen. Da wird Laura sogar richtig wütend.

Deshalb ist es so gut, dass Laura mit Gott reden kann. Er ist wie
ein Freund für sie, mit dem sie alle ihre Sorgen teilt und dem sie
Ratschläge gibt, wie er den Menschen um sie herum helfen könnte.
Manchmal hat Laura das Gefühl, dass Gott ihre Bitten sofort beantwortet, manchmal scheint Gott aber still zu sein. Was Laura nicht
merkt, ist, dass sie selbst zu Gottes Antwort wird, indem sie sich um
die Menschen herum kümmert und sie aufmuntert. Laura wird so
im Sinne der Nachbarin zu Gottes Liebesbrief an andere Menschen.

Zur Autorin

Lene Mayer-Skumanz wurde 1939 in Wien geboren, bis 1965 war
sie als Lehrerin und als Redakteurin der Kinderzeitschrift »Weite
Welt« tätig. Seither lebt sie als freie Schriftstellerin in Wien. Für ihre
Werke erhielt sie Preise, wie z. B. den Österreichischen Staatspreis
für Kinder- und Jugendliteratur.

Didaktische Grundgedanken

»Gott, ich hab einen Tipp für dich« ist für den Religionsunterricht
der Grundschule geeignet. Es spricht verschiedene alltägliche Sorgen
von Kindern an wie *Freundschaft, Beziehung zu Nachbarn, familiäre
Auseinandersetzungen und religiöse Konflikte* z. B. mit muslimischen
Mitschülern. Einerseits bietet das Buch Lösungsvorschläge aus Lauras
Sicht an. Andererseits zeigt es aber auch, dass es Probleme gibt, die
nicht so einfach zu lösen sind. Als ein Weg zur Lösung wird der Dialog mit Gott dargestellt. Das Gefühl, *Gott als Freund an seiner Seite* zu
haben, bietet Laura Sicherheit und Hoffnung. Diese Gottesbeziehung
führt aber nicht in die Passivität, sondern ihr Glaube ermutigt sie,
nicht tatenlos zu bleiben, wenn es den Menschen in ihrer Umgebung
schlecht geht. Ob Familienmitglied, Freund oder Bekannter, Laura
ist immer bereit zu helfen und aufzumuntern. Dabei achtet sie weder
auf Religionszugehörigkeit noch auf das Alter der Menschen. Laura
wird so von ihr selbst unbemerkt zum »*Werkzeug Gottes*«, indem
sie Menschen mit Nächstenliebe begegnet. Lauras Vorbildcharakter
kann für die Schüler ein Ansporn sein, es ebenso zu tun.

Gudrun Pausewang:
Ich geb dir noch eine Chance, Gott.
Ravensburger Buchverlag: Ravensburg
1997/2008
Seitenzahl: 127
Preis: 5,95 €

Ab Klasse 4/Fokus: Ringen mit Gott

Inhalt

Nina ist zufällig dabei, als eine Katze überfahren wird und ihr Junges allein zurückbleibt. Sofort verspricht sie der sterbenden Mutter, sich um ihr Katzenjunges zu kümmern. Im Innersten aufgewühlt klagt sie aber auch Gott an und stellt die Theodizeefrage: Wie kann Gott so etwas zulassen?

Da Ninas Mutter kein Tier in der Wohnung will, sucht Nina nach einem Platz für sich und das Kätzchen und kommt dabei in einen ethischen Konflikt: Zu Hause bleiben ohne Katze oder weglaufen und dem gegebenen Versprechen treu bleiben? Sie entscheidet sich dafür, dem Katzenjungen eine gute Mutter zu sein, und verlässt ihre Mutter. Auf ihrer Suche nach Hilfe und Unterkunft begegnen den beiden unterschiedliche Menschen in unterschiedlichen Familienverhältnissen: gute, böse, verbissene und offene, gläubige und ungläubige. Einige versuchen auch, Nina die Sache mit Gott zu erklären. So trifft sie eine afrikanische Familie, die so ganz anders lebt als sie mit ihrer alleinerziehenden Mutter, eine Prostituierte, einen aufdringlichen Mann etc.

Die Frage danach, wie Gott wohl aussieht, stellte Nina sich aber schon zu Anfang des Buches vor allem auf ihrem Weg entlang der Friedhofsmauer, denn die Graffitis an der Mauer (ein rosa Wirbel mit Schweinenase) deutet sie als Gottesdarstellungen des »Schweinegottes«. Die sind aber ganz anders als die aus der Bibel ihrer Oma, auf denen Gott ein langes Nachthemd trägt. Am Ende trifft sie den Graffiti-Sprayer persönlich, der ihr in einfachen Worten sein Gottesbild an die Wand malt und es ihr erklärt. Der Graffiti-Sprayer hatte von der vermissten Nina gehört und erzählt ihr davon, wie verzweifelt ihre Mutter auf der Suche nach ihr ist. Das veranlasst Nina, nach zu Hause zurückzukehren.

Zur Autorin

Gudrun Pausewang wurde am 3. März 1928 in Wichstadtl in Böhmen geboren. Sie wurde Lehrerin, unterrichtete an deutschen Schulen in Chile, Venezuela und Kolumbien und später in der Nähe von Fulda. Sie ist eine der bekanntesten deutschsprachigen Kinder- und Jugendbuchautorinnen. Bücher wie »Die Wolke«, »Die Not der Familie Caldera« oder »Friedensgeschichten« werden im Unterricht oft verwendet. Gudrun Pausewang wurde u. a. mit dem Gustav-Heinemann-Friedenspreis und dem Deutschen Jugendliteraturpreis ausgezeichnet.

Didaktische Grundgedanken

Ausgehend von der Lektüre oder dem Vorlesen des Buches ergeben sich viele Fragen zum Thema *Gottesbilder, Theodizeefrage, Freundschaft, Außenseiter,* die sich auch die Protagonistin Nina stellt:

– Wie kann ich mir Gott vorstellen? Ist Gott ein Mann mit einem Bart? Wo lebt er? Haben Tiere auch einen Gott?
– Warum ist Gott scheinbar ungerecht? Kann Gott es allen Recht machen? Warum lässt er zu, dass Lebewesen sterben und Kinder zurückbleiben?
– Was ist eine gute Form, zusammen zu leben? Woran zeigen sich Unterschiede? Wo muss man tolerant sein, wo deutlich Nein sagen?

Weiterführende Literatur

Jochen Ellerbrock und Franziska Stamer: Das Kinderbuch im Religionsunterricht. Unterrichtseinheit über »Ich geb dir noch eine Chance, Gott« von Gudrun Pausewang; Primarstufe. In: Religion heute, 53 (2003), 42–49

Jutta Richter:
Hinter dem Bahnhof liegt das Meer.
Carl Hanser Verlag: München/Wien
2001/2008
Seitenzahl: 94
Preis: 5,95 €

Ab Klasse 5/Fokus: Engel, Freundschaft,
Verantwortung

Inhalt[3]

»Ein Schutzengel ist etwas sehr Eigenes.« Und dadurch auch etwas
besonders Kostbares. Das wissen das Straßenkind Kosmos und der
kleine Neuner, der vor der Gewalt seines Stiefvaters geflohen ist,
ganz genau. Beide träumen davon, am Meer zu leben, doch für die
Erfüllung dieses Traumes brauchen sie Geld. Beide sind sich darin
einig, alles dafür tun zu wollen. Was ›alles‹ bedeutet, erfährt Neuner,
als sich eine Gelegenheit bietet, an Geld zu kommen: Eine reiche Bar-
besitzerin, die »Königin von Caracas«, bietet den Jungen 1000 DM
an, wenn sie ihr dafür »das, was [ihnen] am wertvollsten ist« (32),
überlassen. Angeregt durch Werbeplakate, auf denen »Wespentail-
lenfrauen in schicken Kostümen mit durchsichtigen Flügeln« ihre
Hände über »braungebrannte Männer und deren teure Autos« (23)
halten, kommt Kosmos die rettende Idee: Er selbst glaubt nicht an
derartigen »Kinderkram« (24) wie Schutzengel, Neuner dagegen
schon – warum sollte er also der Königin von Caracas nicht seinen
Schutzengel zum Tausch anbieten? Was die Werbebranche kann,
nämlich »den reichen Leuten Schutzengel verkaufen« (35), können
sie doch auch, und etwas Besseres als Neuners Schutzengel haben
sie nun mal nicht.

Doch schon bald zeigt sich, dass Neuner sich geirrt hat, dass er
ohne seinen Schutzengel verloren ist. Zunächst gelingt es Kosmos

---

3   Entnommen aus Hannah Richter: Jutta Richter, Hinter dem Bahnhof liegt
    das Meer. In: Mirjam Zimmermann, Religionsunterricht mit Jugendliteratur.
    Göttingen 2006, 29–48, 29 f.

noch, Neuner aus einer lebensgefährlichen Situation zu retten, als dieser ausprobieren will, wie es ist, von keinem Engel beschützt zu werden. Kosmos muss selbst zum rettenden Engel werden, wenn er seinen Partner nicht verlieren will, und spürt erstmalig, wie beschwerlich diese neue Rolle ist. Und weil es so viel leichter ist, kein Engel zu sein, lässt er den Freund im Stich und macht sich mit dem Geld davon. Ihn verfolgt allerdings, während er durch die morgenstillen Straßen rennt, Neuners Schrei – über den Dächern hallt sein eigener Name, und es nützt nichts, dass Kosmos Haken schlägt und abbiegt und weiter geradeaus läuft – immer noch hört er Neuners Schrei. Bis ihm die Puste ausgeht und er stehen bleiben muss und ein paar Obdachlose, die er von früher kennt, ihn finden und ihm das Geld abnehmen. Als er zurückkehrt, ist es für Neuner schon zu spät. Kosmos' jämmerliche Ausrede, er sei nur rasch Brötchen holen gegangen, erreicht den Kleinen schon nicht mehr, den inzwischen die Erinnerung an sein Zuhause eingeholt hat. Neuner kann der Realität, die ihn ein weiteres Mal enttäuscht hat, nicht länger ins Gesicht sehen und ihr widerstehen. Während schwarze Engel durch seine Fieberträume geistern, muss Kosmos erneut die Rolle des rettenden Engels übernehmen.

Am Ende steht kein Happy End, aber eine Tür hat sich geöffnet, durch deren schmalen Spalt die Leser einen Blick in die Zukunft werfen können. Ein Leben wie Kosmos zu führen, Erfahrungen zu machen, wie Neuner sie macht – das ist nicht einfach, aber doch nicht ohne eine Spur von Hoffnung, es gibt auch hier gangbare Wege. Manchmal sind diese Wege Umwege, manchmal Irrwege, in jedem Fall müssen sie Schritt für Schritt angeeignet werden, bis man zuletzt um eine Ecke biegt und sieht: »Da ist der Bahnhof. Und hinter dem Bahnhof, das wissen wir genau, hinter dem Bahnhof liegt das Meer.« (91)

Zur Autorin

Jutta Richter, geboren 1955 in Burgsteinfurt/Westfalen, studierte katholische Theologie, Germanistik und Publizistik. Sie lebt heute als freiberufliche Autorin im Münsterland und schreibt für Erwachsene, Jugendliche und Kinder Erzählungen, Hörspiele, Theaterstücke, Lieder und Gedichte. Für ihre literarischen Werke wurde sie mehrfach ausgezeichnet.

Didaktische Grundgedanken

Obwohl das Thema des Buches immer wieder die Grenzen zum Phantastischen und Märchenhaften berührt, spiegelt sich in seiner Handlung zweifellos die Lebenswirklichkeit heutiger Jugendlicher. Neuner und Kosmos lehren uns, dass das Leben mit all seiner Ungerechtigkeit und Brutalität dennoch schön ist, weil Leben Anfangen heißt, immer, in jedem Augenblick. *Umgang mit Angst und Mut* kann deshalb an diesem Buch besonders gut thematisiert werden, aber auch *Kinderrechte* hier und in anderen Ländern.

Im Mittelpunkt steht das *Symbol des Engels,* verbunden mit der Frage, wer uns in schwierigen, bedrohlichen, verzweifelten Lebenssituationen beschützen kann. Engel haben nicht nur zur Weihnachtszeit Konjunktur, sondern spielen im Alltag, z. B. in der Werbung, eine Rolle und haben für viele Schüler insofern eine ernstzunehmende Bedeutung, als mit ihrem Eingreifen zwar nicht gerade gerechnet, dieses aber heimlich erhofft und gewünscht wird.

Weiterführende Literatur

Hannah Richter: Jutta Richter, Hinter dem Bahnhof liegt das Meer. In: Mirjam Zimmermann: Religionsunterricht praktisch mit Jugendliteratur. Materialien für die Sekundarstufe I. Göttingen 2006, 29–48

Erwin Grosche:
Felicitas, Herr Riese und die Zehn Gebote. Gabriel/Thienemann Verlag: Wien/Stuttgart 2003/2009
Seitenzahl: 143
Preis: 14,90 €

Ab Klasse 1/Fokus: Die Zehn Gebote im Alltag entdecken

Inhalt

Herr Riese, ein mit kindlichen Eigenschaften gezeichneter älterer Herr, zieht in die Nachbarschaft von Felicitas, genannt Fee, und ihrer Großmutter, Oma Turnschuh. Diese heißt so, weil sie trotz ihres

hohen Alters immer noch Turnschuhe trägt. Gemeinsam erleben
sie verschiedene Situationen, die auf die Zehn Gebote bezogen sind.
Beispielsweise möchte sich Herr Riese als Gott verkleiden, um mit
Oma Turnschuh und Fee Eis essen zu gehen. Warum das nicht geht,
erklärt ihm die kleine Fee mit Hilfe ihrer Oma. Dann möchte er ein
besserer Mensch werden und will sich nur noch an alle 10 Gebote
halten, aber auch hier scheitert er und ist auf die Erklärungen und
Hilfen seiner Umwelt angewiesen.

Das Problem des »heiligen Sonntags« wird mit Hilfe von Fees
Schulaufsatz bearbeitet. Das vierte Gebot wird erklärt, indem Fee
Anspruch auf einen »Fee-Tag« erhebt, so wie es den Muttertag für
ihre Mutter und den Vatertag für ihren Vater gibt. Ihre Eltern machen
ihr jedoch klar, dass fast jeder Tag »Fee-Tag« ist. Quasi als Gegen-
leistung können Kinder z. B. am Mutter- und Vatertag ihren Eltern
etwas davon zurückgeben.

In der Art der Darstellung merkt man Grosche seine Erfahrung
als Kinderkabarettist an, und im inneren Auge sieht und hört man
die Kinder schon während der Lektüre bei den vielen witzigen Ideen
wie z. B. der »Lügenbuxe« lachen – Ideen, bei denen sich der erwachsene Herr Riese blamiert und die kleine Fee souverän helfen kann.
Eine Vorstellung, die Kinder im Alter zwischen fünf und neun lustig
finden, die aber auch als erzählerischer Trick fungiert, Kindern nicht
den moralischen Zeigefinger, sondern den narrativ verfremdeten
Spiegel vorzuhalten.

Zum Autor

Erwin Grosche wurde 1955 in Anröchte im Kreis Soest geboren und
schreibt seit seiner Schulzeit. Heute arbeitet der in Paderborn lebende
Künstler als Kabarettist, Schauspieler, Autor und Filmemacher. Seine
Lieder wurden z. B. bei der »Sendung mit der Maus« verwendet und
seine Gedichte bei der WDR-Sendung »Lilipuz«.

Didaktische Grundgedanken

Erfrischend unmoralisch und humorvoll findet hier eine Begeg-
nung mit den Zehn Geboten im Alltag von Grundschulkindern statt.
Durch den Perspektiventausch, bei dem Herr Riese in die kindliche
Rolle schlüpft, erleben Kinder ihre Situation, ihre Fragen und ihre

Schwierigkeiten mit der Erwachsenenwelt in ironischer Brechung, was für sie sehr unterhaltsam ist.

Kreativ werden aus dem kindlichen Blickwinkel Situationen in Bezug auf die Zehn Gebote erzählt, die die Aktualität biblischer Wahrheit unverkrampft deutlich werden lassen.

Erwin Grosche:
Felicitas, Herr Riese und das Vaterunser.
Gabriel/Thienemann Verlag: Wien/Stuttgart 2005
Seitenzahl: 143
Preis: 11,90 €

Ab Klasse 1/Fokus: Das Vaterunser im Alltag entdecken

Inhalt

Beim Fußballspielen im Hof findet Herr Riese einen Zettel, auf dem »Vater Unser« steht. Was hat das zu bedeuten? Wer ist dieser Vater und wie geht es nach dieser Anrede weiter? Herrn Rieses Neugier ist geweckt. Gemeinsam mit seiner besten Freundin Felicitas, die aber lieber Fee genannt werden will, begibt er sich auf eine spannende Reise, um das Rätsel des »Vater Unsers« zu lösen. In zehn Kapiteln werden jeweils mehrere kleine Geschichten erzählt, mit denen alltagsbezogen, bildhaft und damit sehr kindgerecht die einzelnen Teile des Gebets kennengelernt werden können. Beim Rätsellösen hilft z. B. Felicitas' Oma Paula, genannt Oma Turnschuh, weil sie trotz ihres Alters immer noch Turnschuhe trägt. Die hat neben leckeren Pflaumenmusbutterbroten auch immer gute Ratschläge oder Erklärungen parat. Außerdem ist da Gregor Knall, der Trampolinweltmeister, der Herrn Riese durch seine vielseitigen Begabungen häufig unabsichtlich in den Schatten stellt. Auch Willi, der so alt ist wie Fee und sich ein bisschen in sie verliebt hat, wohnt wie alle anderen Figuren in der Nachbarschaft und hilft dabei, Probleme um das Vaterunser zu lösen.

Am Ende der spannenden und inhaltlich abwechslungsreichen Geschichten haben Felicitas und Herr Riese das gesamte Gebet in

Bezug auf ihr ganz persönliches Leben kennengelernt. Ein inhaltlicher Rahmen wird dadurch gebildet, dass Fee zum Ende der Erzählung einen Zettel beim Drachensteigen fängt, auf dem »Amen« den Schluss des Gebetes und den Schluss der Geschichte ankündigt.

Insgesamt wird die Entdeckungsreise witzig und bunt beschrieben und mit Bildern illustriert. Besonders die Tatsache, dass Herr Riese eigentlich derjenige ist, der das Kind verkörpert und der von dem jungen Mädchen Fee lernen kann, bewirkt eine für Kinder lustige Situationskomik.

Zum Autor

Erwin Grosche wurde 1955 in Anröchte im Kreis Soest geboren und schreibt seit seiner Schulzeit. Heute arbeitet der in Paderborn lebende Künstler als Kabarettist, Schauspieler, Autor und Filmemacher. Seine Lieder wurden z. B. bei der »Sendung mit der Maus« verwendet und seine Gedichte bei der WDR-Sendung »Lilipuz«.

Didaktische Grundgedanken

Dieses Buch mit seinen vielfältigen, abwechslungsreichen und für Kinder sehr unterhaltsamen Geschichten ist vor allem für Grundschulkinder geeignet, um das Vaterunser-Gebet *zu entdecken, zu verstehen und zu lernen.* Es kann eine erste Auseinandersetzung mit dem Gebet und dessen Inhalten auf einer Ebene ermöglichen, die leicht zu verstehen ist und viele Möglichkeiten zur Vertiefung und kreativen Umsetzung bietet: Was ist überhaupt ein Gebet? Zu wem und wie bete ich? Was bedeutet das Vaterunser heute?

Aus den kleinen Geschichten zu verschiedenen Teilen des Gebets können viele Anregungen für den unterrichtlichen Gebrauch übernommen werden. Es ist auch möglich, nur einzelne Geschichten herauszugreifen, ohne das Buch als Ganzes zu lesen.

Michael Schmidt-Salomon und
Helge Nyncke:
Wo bitte geht's zu Gott? fragte das kleine
Ferkel. Ein Buch für alle, die sich nichts vor-
machen lassen.
Alibri Verlag: Aschaffenburg 2007
Seitenzahl: 40
Preis: 12,00 €

Ab Klasse 12/Fokus: Religionskritik

Inhalt

Ein Bilderbuch, das für die Oberstufe des Gymnasiums empfohlen wird – wie kann das sein? Der Inhalt des kurzen, eigentlich
für Kinder konzipierten Bilderbuchs erzählt die Geschichte eines
Ferkels und eines Igels, die eines Tages an ihrem Haus ein Plakat
mit der Aufschrift finden: »Wer Gott nicht kennt, dem fehlt etwas!«
Deshalb machen sich beide auf die Suche nach Gott und befragen
die Geistlichen der drei großen Buchreligionen – des Christentums, des Islams und des Judentums. Zuerst besuchen sie einen
Rabbi, der ihnen von einem strafenden Gott erzählt, dann gehen
sie zu einem Bischof, der ihnen vom Opfertod Jesu berichtet, zum
Schluss zu einem Imam, der ihnen die Hölle schildert, in der alle
Nichtmuslime schmoren müssen. Das Ferkel hat nun erkannt, dass
Gott ihnen und allen Menschen offenbar Angst machen will, und
resümiert mit dem religionskritischen Satz: »Wer Gott nicht kennt,
der braucht ihn nicht.«

Zum Autor

Michael Schmidt-Salomon, geboren 1967 in Trier, arbeitet als Philo-
soph, Musiker und Autor. Er ist Vorstandssprecher der Giordano-
Bruno-Stiftung und verfasste in deren Auftrag das »Manifest des
Evolutionären Humanismus«.

Didaktische Grundgedanken

Das Bundesministerium für Familie, Senioren, Frauen und Jugend
hat 2007 die *Indizierung* des Kinder- und Erwachsenenbuchs »Wo

bitte geht's zu Gott? fragte das kleine Ferkel« *als jugendgefährdende Schrift* beantragt. Dieser Antrag wurde im März 2008 abgelehnt. Das Kinderbuch, das auch deshalb heftige Diskussion auslöste, soll in diesem Sinne in seinem Aufforderungscharakter zur Auseinandersetzung mit *religionskritischen Schriften* herangezogen werden. Es stellt beispielhaft einen Entwurf religionskritischer Weltanschauung dar und nimmt auch das Lebensgefühl vieler Menschen auf, die *Glück als zentrales Lebensziel* ansehen. Religion wird in dieser Sichtweise als Ursache von Angst einflößender Repression empfunden, die dem Streben nach Glück entgegenstehe. In der Arbeit mit dem Buch kann herausgearbeitet werden, dass der im Buch vorgestellte Gott mit dem in Jesus Christus zutiefst menschlich begegnenden Gott keine Ähnlichkeit hat *(Gottesbild)*. Die Autorin des unten genannten Unterrichtsvorschlags setzt bei einer konkreten Anforderungssituation an:

»Stell dir vor, du hättest ein Patenkind, das in diesem Monat seinen achten Geburtstag feiert. Du weißt noch nicht ganz genau, was du ihm schenken könntest. Ein Freund erzählt dir, dass er neulich ein interessantes Kinderbuch im Buchladen entdeckt habe: »Wo bitte geht's zu Gott? fragte das kleine Ferkel«. Du überdenkst den Tipp, willst aber nicht sofort Geld ausgeben, sondern dich erst einmal erkundigen.« (Obst, S. 6)

In der vorgeschlagenen Vorgehensweise wird anhand des Kinderbuchs zu folgenden Aspekten gearbeitet:

– Ist die Darstellung der drei Religionen sachgemäß?
– Hat die Darstellungsweise historische Vorbilder?
– Vermittelt das Buch durch die Texte und Bilder antijudaistische, antichristliche oder antimuslimische Klischees?
– Wer sind die Verfasser und was ist ihr Hintergrund?
– Wie haben die Religionsgemeinschaften darauf reagiert?
– Sollte man ein solches Buch auf den Index jugendgefährdender Schriften setzen? (Obst, S. 6)

Diese Auseinandersetzung soll einen Beitrag dazu leisten, dass die Schüler in einen kritischen Diskurs um das Buch eintreten und damit die Relevanz der Auseinandersetzung mit Religionskritik am Beispiel erfahren.

Weiterführende Literatur

http://hpd.de/files/BMFSFJ-Indizierungsantrag.pdf (Antrag auf Indizierung jugendgefährdender Schriften), Aufruf: 19.03.2012
Gabriele Obst: Der Gottesglaube auf dem Globus ist fauler Zauber.
Welche religionskritische Konzeption steht hinter dem Kinderbuch »Wo bitte geht's zu Gott? fragte das kleine Ferkel.« Download
unter: http://www.studienseminar-paderborn.de/gy/downloads/
obstkinderbuch.pdf (Aufruf 19.3.2012)

2.2 Jesus und seine Zeit

Horst Klaus Berg und Ulrike Weber:
Benjamin und Julius – Geschichte einer
Freundschaft zur Zeit Jesu.
Calwer und Kösel Verlag: Stuttgart/Mün-
chen 1996/2012
Seitenzahl: 112
Preis: 8,99 €

Ab Klasse 3/Fokus: Umwelt Jesu, der
historische Jesus

Inhalt

Die Hauptpersonen dieses Buches sind der jüdische Junge Benjamin,
der mit seiner Familie in Kafarnaum lebt, und sein römischer Freund
Julius, der gerade frisch mit seinen Eltern nach Palästina gezogen
ist, weil sein Vater als Offizier des römischen Kaisers arbeitet. Im
ersten Kapitel wird Benjamins Heimat vorgestellt: Palästina wird als
ein sehr schönes Land beschrieben, das allerdings von den bei allen
Juden verhassten Römern besetzt ist. In Benjamins Familie herrscht
aktuell Aufregung, weil die Römer die Steuern erhöht haben. Sein
Vater Aram macht sich deshalb Sorgen, wie er seine Familie und
seine Tiere weiterhin ernähren soll. Natürlich bekommt das Kind
Benjamin die Sorgen der Erwachsenen mit und ist wütend auf die
Römer.

Dann begegnet Benjamin auf der Straße dem römischen Jungen.
Julius ist stolz darauf, dass sein Vater ihm erlaubt hat, alleine in die

Stadt zu gehen. Als Julius Benjamin anspricht, entgegnet dieser ihm nur, dass er nicht mit Römern spreche. Es kommt zum Streit und die beiden prügeln sich. Auch wenn Benjamin noch skeptisch ist, was seine Familie dazu sagen wird, beschließen sie dennoch Freunde zu werden, und Benjamin nimmt Julius mit zum Haus seiner Familie.

Bei seinen vielen sich dieser Begegnung anschließenden Besuchen in Kafarnaum erlebt Julius das Leben auf dem Dorf, die Feldarbeit, bei der die Jungen mithelfen, und wie aus Korn Brot hergestellt wird. In der Schilderung der Besuche beim Töpfer Ephraim, bei dem Fischer Onkel Aaron oder dem alten Hirten Jakob wird der jüdische Alltag auch für die Leser anschaulich. Bei ihren Erkundungen der kleinen Stadt sehen die Jungen aber, dass es nicht allen Menschen dort gut geht.

Eines Tages erklärt Benjamin Julius, dass er ihn am folgenden Tag nicht besuchen kann, weil Schabbat ist. Als Benjamin in der Synagoge lernen muss, beobachtet Julius ihn durch das Fenster. Es verbreiten sich im Laufe der Erzählung immer mehr Geschichten von Jeschua, dem Rabbi aus Nazaret, der nach Meinung einiger der Messias sein soll. Als Jeschua nach Kafarnaum kommt, beobachten Benjamin und Julius, wie er sich dem blinden Bajona zuwendet und ihn heilt. Benjamin und Julius sind auch dabei, als Jeschua Jünger um sich sammelt und den Menschen Geschichten erzählt. Als sich seine Freunde streiten, wer von ihnen der Größte sei, macht Jeschua ihnen mit Hilfe einer Aufgabe deutlich, dass das Reich Gottes dort beginnt, wo einem Menschen geholfen wird.

Wegen des Ährenreißens am Schabbat kommt es zum Streit und Jeschua erklärt, dass nicht der Mensch für den Schabbat, sondern der Schabbat für den Menschen da sei. Jeschua und seine Anhänger verlassen daraufhin die Stadt, aber Benjamin ist sich nach diesen Begegnungen sicher, dass Jeschua tatsächlich der Messias ist.

Zum Autor

Horst Klaus Berg wurde 1933 in Hamburg geboren und war von 1973 bis 1998 Professor für Evangelische Theologie/Religionspädagogik an der Pädagogischen Hochschule Weingarten.

Didaktische Grundgedanken

Die Geschichte von Benjamin und Julius enthält viele Informationen über das *Leben in Palästina zur Zeit Jesu,* die jeweils kapitelweise thematisch zugespitzt präsentiert werden. Die Schüler erfahren, wie die *Häuser ausgesehen* haben, wie die *Menschen gearbeitet* haben und welche *Sitten und Gebräuche* sie hatten. Für den Römer Julius ist vieles, was er sieht, neu – genau wie für die Schüler. Ihm wird alles genau erklärt, wodurch die Leser ebenfalls einen guten Einblick bekommen. Auch Jesus wird aus der Sicht eines Jungen beschrieben, der miterlebt, dass die Erwachsenen unterschiedlich über ihn denken. Er wird dabei durch sein Handeln vorgestellt, außerdem werden einige seiner wichtigen *Gleichnisse* als Rede wiedergegeben und sozialgeschichtlich eingebunden.

Neben den Inhalten über das Leben in Benjamins Familie spielt auch die *Freundschaft* der beiden Jungen eine wichtige Rolle. Dieses Thema kann ebenfalls im Unterricht aufgegriffen werden. Benjamin und Julius stammen aus völlig verschiedenen Kulturen und verstehen sich trotzdem gut. Julius zeigt ein großes Interesse an Benjamins Leben und auch an seiner Religion. Er stellt Fragen und erklärt, dass in Rom vieles anders ist, aber er akzeptiert Benjamins Lebensweise und kritisiert sie nicht.

Denkbar ist auch, die Schüler nach der Lektüre einiger Kapitel selbst Benjamin-und-Julius-Geschichten zu den Themen des Alltags schreiben zu lassen. Freiarbeitsmaterialien zur Umwelt Jesu (H. K. Berg) bieten hier eine ausreichende Informationsbasis für kreative Ideen, die das durch die teilweise etwas stereotype Erzählweise abflauende Interesse am Fortgang der Handlung steigern können.

Die Illustrationen des Buches machen die Geschichten anschaulich und können von den Schülern ausgemalt werden. Außerdem ist ein Bastelbogen enthalten, mit dessen Hilfe die Schüler ein kleines Städtchen zur Zeit Jesu nachbauen können.

Arnulf Zitelmann:
Ich, Tobit, erzähle diese Geschichte.
Ein Roman aus der Jesus-Zeit.
Sauerländer Verlag: Düsseldorf 2009
Seitenzahl: 228
Preis: 14,90 €

Ab Klasse 8/Fokus: Jesus und seine
Umwelt, Gruppen im Judentum

Inhalt

Tobit, ein junger und gebildeter griechischer Jude, begibt sich auf
eine Pilgerreise von Alexandria nach Jerusalem. Seine Eltern besitzen
ein Handelsgeschäft, dessen Führung sie nun ihrem Sohn anver-
traut haben. Tobit will die Reise nutzen, um bestehende Kontakte
zu pflegen und neue Handelsbeziehungen zu knüpfen. Außerdem
beweist er als Jude damit Gott und auch sich selbst die Ernsthaftig-
keit seines Glaubens.

Auf seiner Reise erlebt Tobit, dass die Vorherrschaft der Römer
von den Juden unterschiedlich bewertet wird. Einige sehen sie als
Schutzmacht an, andere als Besatzung, die die Juden beherrscht und
unterdrückt. Dadurch sind Gruppierungen mit unterschiedlichen
Interessen entstanden. Es gibt auch Menschen, die auf einen Propheten hoffen, einen Messias, der sie befreit.

In Sepphoris macht Tobit einen Zwischenstopp bei Simon, einem
Juden, der konsequent nach den Worten der Tora lebt. Hier wird ihm
bewusst, dass die Juden aus Ägypten von den »rechtgläubigen« Juden
in Israel nicht ernst genommen werden, weil sie die Reinheitsgebote der
Tora weniger strikt befolgen. Ein Beispiel dafür ist das Gastgeschenk,
welches Tobit Simons Frau schenkt: ein Anhänger aus Bernstein, in
dessen Innerem sich ein toter Käfer befindet. Simon ist sich nicht sicher,
ob der Anhänger seine Frau vor Gott verunreinigen würde. Ein Sach-
verständiger in Jerusalem soll darüber entscheiden. Bis dahin bleibt der
Anhänger in einem Steinkästchen, weil der Stein fest und undurchläs-
sig ist und dadurch ein »Austreten« der Unreinheit verhindert. Tobit
erkennt, dass man hier auf äußerste ›Reinheit‹ vor Gott bedacht ist,

aber verstehen kann er das nicht. Denn sein Weltbild ist durch seinen Lehrer Philon, der die jüdische Überlieferung aus dem Blickwinkel der Philosophie Platons betrachtet, geprägt. »Wir sollen den Ewigen, unseren Gott, im Kopf und im Herzen haben, ständig, bei allem, was wir tun!« So hält er an seinem Grundsatz fest: »Wer Gott in sein Herz aufnimmt, der weiß ohnehin, was er zu tun und zu lassen hat.«

Das Schlüsselerlebnis auf Tobits Reise ist die Begegnung mit Jesus. Er begibt sich mit einer Beule am Handgelenk auf die Reise. Eine priesterliche Begutachtung der Beule in Jerusalem soll beurteilen, ob diese gutartig ist oder ob es sich um eine Aussatzgeschwulst handelt. Für Tobit ist diese Beurteilung von großer Bedeutung, denn bei einer ansteckenden Aussatzbeule wäre er ein Unreiner und würde auch die Gemeinde verunreinigen und deshalb aus dieser ausgeschlossen. Doch eine zufällige Begegnung mit Jesus und seine Berührung verändern Tobits Leben grundlegend. »Danach war nichts mehr wie vorher.« Am nächsten Morgen merkt Tobit, dass seine Hand wieder gesund ist. Sein Entschluss, Jesus und seine Anhänger zu begleiten, steht fest. Bei seinem nächsten Treffen mit Jesus fragt er ihn, was er tun soll, um mit Gott zu leben. Jesus antwortet ihm: »Du sollst alles verkaufen, was du hast, und gib das Geld den Armen!« Wie in der jesuanischen Erzählung vom reichen Jüngling (Lk 18, 18–27) verlässt Tobit Jesus, weil er sich nicht vorstellen kann, sein ganzes Vermögen einfach aufzugeben. Schon kurze Zeit später merkt Tobit aber, dass er einen Fehler begangen hat. Er begibt sich wieder auf die Suche nach dem Propheten, denn er möchte unbedingt in seiner Nähe sein, und findet ihn in Jericho wieder. Wieder erlebt er, wie Jesus die Herzen der Menschen erreicht, weil Jesus selbst mit dem Herzen dabei ist.

Tobit begleitet Jesus beim Einzug nach Jerusalem und bei der Festnahme. Die Verleugnung des Petrus wühlt ihn innerlich so sehr auf, dass er sich sofort wieder auf den Weg nach Alexandria macht. Dort angekommen schreibt er seine Erlebnisse auf: das Evangelium des Tobit.

In seinem Nachwort schildert Tobit, wie zwei Jünger im Bethaus von Jesus sprechen. Die Botschaft »Gott hat Jesus von den Toten auferweckt!« erreicht ihn und er ist überglücklich, dass sein Rabbuni (Lehrer) lebt. Tobit lädt die beiden Jünger zu sich ein und erfährt von ihnen die Geschichte von Jesu Kreuzigung und Auferstehung. Nun beschließt er, sich taufen zu lassen und nach Jerusalem zu ziehen, um dort Jesu Worte aufzuschreiben.

Zum Autor

Arnulf Zitelmann, 1929 geboren, studierte in Marburg und Heidelberg Theologie und Philosophie, trat nach dem ersten theologischen Examen in den Dienst der Evangelischen Landeskirche Hessen und wirkte als Pfarrer. 1977–1992 war er als Religionslehrer am altsprachlichen Gymnasium in Darmstadt tätig. Heute lebt und arbeitet er als freier Schriftsteller in der Nähe von Darmstadt. Er veröffentlichte zahlreiche Sachbücher und belletristische Werke, v. a. genau recherchierte Romane mit historischem Bezug sowie Biographien.

Für sein literarisches Gesamtwerk wurde Arnulf Zitelmann 1994 mit dem Friedrich-Boedecker-Preis und dem Großen Preis der Deutschen Akademie für Kinder- und Jugendliteratur, 1996 mit dem Friedrich-Gerstäcker-Preis sowie 1999 mit dem Bundesverdienstkreuz ausgezeichnet.

Didaktische Grundgedanken

»Ich, Tobit, erzähle diese Geschichte« befasst sich nicht nur mit Jesu Wirken, sondern gibt auch einen guten Einblick in das *Leben und Denken der Menschen zur Zeit Jesu.*

Der Leser lernt das von den Römern besetzte Palästina kennen, gewinnt Einsichten zur *wirtschaftlichen Situation* und zum *Alltagsleben* der Menschen und begegnet Jesus durch die Augen der Hauptfigur Tobit. Anhand der Erzählung können folgende Aspekte thematisiert werden:

- römische Fremdherrschaft
- wirtschaftliche Lage Palästinas
- Alltagsleben
- jüdische Frömmigkeit
- Gebote/Verbote des Alten Testaments
- Bedeutung der Gleichnisse (»Der verlorene Sohn«, »Der barmherzige Samariter«)
- Reichtum und jesuanische Ethik
- der Tod Jesu und seine Auswirkungen
- Entstehung des Neuen Testaments

Gerd Theißen:
Der Schatten des Galiläers.
Jesus und seine Zeit in erzählender Form.
Gütersloher Verlagshaus: Gütersloh 1986/2010
Seitenzahl: 272
Preis: 9,95 €

Ab Klasse 10/Fokus: der historische Jesus

Inhalt

Die Erzählung »Der Schatten des Galiläers« von Gerd Theißen ist kein Jugendbuch im eigentlichen Sinn, ist aber für Jugendliche ab Klasse 10 verständlich. Der Autor entwirft darin ein Bild von Jesus und seiner Zeit in einer fiktiven Rahmenhandlung: Der junge Andreas wird nach einer Demonstration, an der er eigentlich nicht beteiligt ist, von den Römern festgenommen. Nach Wochen im Gefängnis wird er vom Statthalter Roms, Pontius Pilatus, verhört. Dieser erpresst Andreas und erklärt ihm, dass er nur dann aus dem Gefängnis freikommen kann, wenn er den Römern als Spitzel Material über bestimmte religiöse Bewegungen im Land liefert. Der Jude Andreas stimmt dem Ansinnen zu, obwohl er den Eindruck hat, damit seine Landsleute zu verraten. Um über die religiöse Stimmung im Volk und die Bedeutung von »Jesus« berichten zu können, informiert sich Andreas über die unterschiedlichen religiösen Gruppen im Land. Der Leser erkundet mit dem jüdisch-liberalen Ich-Erzähler die gesellschaftlichen Zusammenhänge und lernt viele jüdische Bewegungen kennen. So trifft Andreas mit seinen Sklaven Timon und Malchos zufällig einen aus der Wüstengemeinschaft der Essener Ausgestoßenen, der das dort geltende Schweigegebot bricht und ausführlich über das Leben der Essener, ihre Regeln und Rituale berichtet.

Die Gesellschaft in Palästina, Unterschiede zwischen Stadt- und Landbevölkerung, soziale Probleme und die politische Situation werden dem Leser als Teilnehmer auf Andreas' Reise narrativ nahe gebracht. Nach und nach ergibt sich ein Bild jüdischer Denk- und Lebensweise, in dem auch Jesus aus Nazareth eine Rolle spielt. Andreas trifft ihn nie persönlich, entwickelt aber aus den Erzählungen unterschiedlicher Menschen aus unterschiedlichsten religiösen Gruppen ein authentisch wirkendes Bild des Propheten Jesus und seiner Wirkung auf die Menschen. Zuletzt bewirkt der Kreuzestod Jesu eine emotionale Wende im Leben einiger Menschen. Erste Ansätze einer Urgemeinde entstehen, zu der sich ausgerechnet der Römer Metilius zugehörig fühlt, der für den Auftrag und den Austausch mit Andreas zuständig ist.

Theoretische Metareflexionen über Grundfragen nach der Bedeutung des historischen Jesus, der Quellenfrage allgemein und im Besonderen zur Person Jesu, der Berechtigung narrative Exegese zu betreiben und vieles mehr werden in Briefform mit einem fiktiven Empfänger, »Herrn Kratzinger«, geführt. Die Briefe beginnen »Anstatt eines Vorworts« und schließen jedes der 19 Kapitel ab. Im Anhang finden sich noch eine kurze Einführung in die wichtigsten Quellen zu Jesus und seiner Zeit und eine Karte zu Palästina im 1. Jahrhundert.

Zum Autor

Dr. Dr. h. c. mult. Gerd Theißen war bis 2009 Professor für Neutestamentliche Theologie an der Universität Heidelberg. Seine Schwerpunkte setzt er in der Erforschung der Sozialgeschichte des Urchristentums, des historischen Jesus und der Theorie der urchristlichen Religion. Seine bedeutendsten und in viele Sprachen übersetzten Publikationen sind »Soziologie der Jesusbewegung« (1977), »Der Schatten des Galiläers« (1986) und »Der historische Jesus« (mit A. Merz 1996).

Didaktische Grundgedanken

Thematisch soll die Lektüre in das Nachdenken darüber eingebettet sein, wie man heute über Jesus reden bzw. einen Film machen kann, denn davon ausgehend stellen sich automatisch die Fragen nach »der Wahrheit«, danach, wie es denn »wirklich war«, nach den *Quellen* und den Kriterien der *Trennung zwischen Fiktion und Geschichte.* Konzeptionell können folgende Aspekte erarbeitet werden:
- Auf der Suche nach dem *historischen Jesus* (Quellen- und Forschungsansätze: Differenz-, Analogie- und Kohärenzkriterium)
- *Römische Fremdherrschaft* und Herodes Antipas (Kap. 1 und 2)

- *Religiöse Gruppen* und ihre Kritik an Jesus (Baruch als Essener (Kap. 4/5), Barrabas als Zelot (Kap. 7), Gamaliel als Pharisäer (Kap. 11), Chuza als Sadduzäer (Kap. 13))
- Die *Sozialstruktur* zur Zeit Jesu und mögliche Vertreter im Buch (Oberschicht: Andreas und Susanna Kap. 8, Mittelschicht: Zöllner S. 155 ff., Unterschicht: Tholomäus S. 101, Mirjam S. 139 ff.)
- Die Bedeutung des *Tempels* (Kap. 7)
- Jesus tut *Wunder*?! – Mögliche Deutungen (Kap. 13)
- Die Eskalation des Konflikts (Tempelreinigung: Metilius und Andreas' Deutung Kap. 15)
- Jesus als Wanderradikalist und *erste Gemeinden* (S. 243: Baruchs Gemeinde)
- Wer war Schuld am *Tod Jesu*? Der Tod Jesu im Spannungsfeld der Interessen
- Ausblick *Auferstehung* – Theißen bleibt hier ganz der psychologischen Interpretation verbunden (Auferstehung als möglicherweise von Gott bewirkte individuelle Vorstellungsbilder: »Warum sollte Gott nicht Phantasien und Halluzinationen benutzen, um eine Botschaft an uns zu richten?«, S. 247)

Weiterführende Literatur

Mirjam Zimmermann und Ricarda Solms: Gerd Theißen, Der Schatten des Galiläers – eine Unterrichtseinheit zur Christologie. In: Religion betrifft uns 2 (2010), 1–32

Patrick Roth:
Resurrection: Die Christus-Trilogie.
Suhrkamp Verlag: Frankfurt/M. 1998.

Enthält:
Riverside. Christusnovelle. 1992/2010
Neuauflage 2005
Seitenzahl: 147
Preis: 6,50 €

Johnny Shines oder Die Wiedererweckung der Toten.
Seelenrede. 1993
Seitenzahl: 176
Preis: 7,50 €

Corpus Christi. 1996
Seitenzahl: 192
Preis: 8 €

Ab Klasse 11/Fokus: Auferstehung, Wunder, Jesus

Inhalt
»Resurrection« ist eine Christus-Trilogie aus drei selbstständig zu
lesenden Teilen. Es handelt sich nicht um Jugendliteratur, die Novellen sind aber in der Oberstufe lesbar.

Riverside:

Ein Zeitzeuge Jesu, der als jüdischer Einsiedler lebende Diastasimos, wird von den Brüdern Andreas und Tabeas besucht. Diese
haben vom Apostel Thomas den Auftrag erhalten, Augenzeugen der
jesuanischen Geschichte zu suchen, um aufzuschreiben, »was unser
Herr gesagt und wem er es gesagt hat« (21). Zögerlich erzählt er den
beiden von sich. Er war ein verbitterter Gottesleugner gewesen, der
plötzlich von Aussatz befallen wurde. Als er aber eines Tages von
Johannes, Judas und Jesus besucht wurde, war er wider Willen von
der Begegnung und vor allem von der Umarmung Jesu sehr bewegt.
Gleichzeitig begehrte er gegen diesen außergewöhnlichen Menschen
auf. Dennoch muss er im Laufe der Zeit feststellen, dass er durch die
Begegnung geheilt wurde, was eine Untersuchung durch Andreas und
Tabeas bestätigt. Am Ende erkennen die beiden sogar in Diastasimos
ihren lange vermissten Vater wieder.

Johnny Shines oder Die Wiedererweckung der Toten:

In dieser Novelle geht es um einen Mann, der sich von der Aufforderung Jesu »Weckt Tote auf!« (Mt 10,8) beauftragt fühlt. Dieses
Motiv, das z. B. auch in Büchners »Lenz« Verwendung fand, ist zentraler Inhalt der Novelle. Der Titelheld Johnny Shines mischt sich
bei Beerdigungen unter die Menschen, bricht Särge auf und befiehlt
den Toten aufzustehen – ohne Erfolg. Shines' Lebensgeschichte wird
in einem Dialog mit einer rätselhaften Frauenfigur entfaltet, die sich
am Ende als seine Schwester entpuppt. Diese hatte er als 13jähriger
in einem tragischen Unglücksfall aus Versehen erschossen.

Corpus Christi:

Obwohl als Mittelstück der Trilogie konzipiert, wurde »Corpus
Christi« als letzter Teil geschrieben. Hier steht das Thema Auferste-
hung im Mittelpunkt. Thomas Didymus, der Zweifler, verlangt nach
Ostern Beweise. Er will wissen, was mit dem Leichnam Jesu passiert
ist. So kommt er mit Tirza ins Gespräch, die in Jesu leerem Grab war.
In ihren Gesprächen kann sie ihm ein neues Verständnis von Wahr-
heit vermitteln, nachdem sie ihm anfangs das von ihm geforderte
Faktenwissen verweigert.

Zum Autor

1953 in Freiburg geboren, lebt Patrick Roth heute in Los Angeles, wohin er schon 22jährig mit einem DAAD-Stipendium ging. Zunächst arbeitete er als Regisseur und Journalist und veröffentlichte dann eigene Werke, in denen er oft biblische Stoffe gestaltet und religiöse Motive verwendet.

Didaktische Grundgedanken

Roths Literatur bewegt sich im Rahmen der in den 80er Jahren beginnenden Tendenz, Jesus als literarische Figur wiederzuentdecken und den schon totgesagten Jesusroman wieder zu beleben.

Die drei Novellen können unabhängig voneinander im Unterricht herangezogen werden, um z. B. am *Verständnis der Auferstehung* zu arbeiten, der jesuanischen Bedeutung von *Wundern* nachzugehen oder den Zwiespalt nachzuzeichnen, der entsteht, wenn man mit seinem ganzen Leben Jesus nachfolgen will und seinen Auftrag ernst nimmt. Im Fächerverbund mit Deutsch kann auch an der innovativen Form und Sprache der Novellen gearbeitet werden.

Weiterführende Literatur

Georg Langenhorst (Hg.): Christliche Literatur für unsere Zeit. Fünfzig Leseempfehlungen. München 2007, darin: Ders. (Hg.): Patrick Roth, Resurrection, 292–296

Ders. (Hg.): Patrick Roth – Erzähler zwischen Bibel und Hollywood. Münster 2005

Bodo Meier-Böhme:
Die Spur führt nach Samos.
Sechs Freunde und der Apostel Paulus.
Calwer Verlag: Stuttgart 1998/2002
Seitenzahl: 118
Preis: 7,90 €

Ab Klasse 4/Fokus: Paulus, Leben in Ephesus

Inhalt

Als Lucie sich mal wieder in der Schule langweilt, kommt ihr plötzlich aus ihrem Lesebuch das Gesicht eines Mädchens entgegen, das sie auffordert, zu ihr ins Jahr 54 n. Chr. nach Ephesus zu kommen, um ihr und Lucius zu helfen. Gemeinsam mit ihren Freunden – Sara, Anja, dem ungeschickten Jonas, dem vernünftigen Daniel und dem kleinen Philipp – verschafft Lucie sich Informationen über Ephesus. Die Freunde entdecken, dass Paulus im Jahr 54 vor Christus in Ephesus war, und tauschen ihre Informationen zu ihm aus. Dann steigen sie in ihre Zeitmaschine und landen nahe beim Theater von Ephesus. Dort angekommen stellt Lydia, das Mädchen aus dem Buch, sich vor, gibt den Kindern neue Kleider und erklärt deren Aufgabe: Lucius hatte von Paulus den Auftrag erhalten, einen Brief nach Ephesus zu bringen. Auf seinem Weg war er aber entführt worden und ist seither verschwunden. In ihren Recherchen erfahren sie viel über Paulus, seine für die Stadt Ephesus anstößige Lehre, seine Feinde, das Leben in Korinth und die schwierige Situation der ersten Christen. Am Ende stellt sich als Lösung heraus, dass die Figurenhändler am Tempel ihre Existenz durch die Lehren des Paulus (Bilderverbot, Gott wohnt in den Menschen und nicht in Figuren) in Frage gestellt sahen und deshalb Lucius aufgehalten hatten. Die Freunde finden Lucius auf Samos, befreien ihn, und Lucie verliebt sich in ihn.

Zum Autor

Bodo Meier-Böhme, geboren 1956, ist Pfarrer und Lehrer und hat in der Reihe »Sechs Freunde« auch Bücher zu Martin Luther, »Die

Falle des Teufels«, den Zehn Geboten, »Der verlorene Sonntag« und der Erschaffung des Menschen, »Der doppelte Philipp«, geschrieben.

Didaktische Grundgedanken

Für Schüler der Klasse 4–6 ist die Lektüre dieser Kriminalgeschichte eine Möglichkeit, niederschwellig in das Thema *Paulus, seine Lehre und die Situation der ersten Christen* in Ephesus einzusteigen. In der Perspektive der Freunde, die sich, um den Fall zu lösen, in die historische Situation einfinden müssen, erfahren die Leser die *historische Situation in Ephesus* anschaulich und erleben mit den sechs Freunden aus der Gegenwart deren Probleme und Schwierigkeiten.

Alois Prinz:
Der erste Christ.
Die Lebensgeschichte des Apostels Paulus.
Beltz & Gelberg Verlag: Weinheim/Basel 2007/2010
Seitenzahl: 250
Preis: 8,95 €

Ab Klasse 8/Fokus: Paulus, Geschichte des Urchristentums

Inhalt

Paulus verfolgte zuerst die Christen, die für ihn, den Juden, Anhänger einer neuen, verabscheuungswürdigen Sekte waren. Dann, von einem auf den anderen Tag, wurde er zum größten Missionar der Sache Jesu. Der Apostel Paulus ist eine der faszinierendsten Gestalten der Geschichte und in diesem Roman zeichnet Prinz ihn als einen, der sein Leben lang ein Suchender blieb, zerrissen zwischen tiefster Gewissheit und äußerstem Zweifel. Der Leser erlebt den glänzenden Prediger und Menschenfischer, der keiner Gefahr aus dem Weg geht, der aber getrieben ist von seinem Auftrag und so auch manchmal wütend und hasserfüllt redet. Ohne ihn wäre das Christentum keine Weltreligion geworden. Seine Briefe an die jungen Gemeinden sind die ältesten Überlieferungen der Botschaft Jesu. Diese kann man aber nicht verstehen, wenn man keine Vorstellung von der Person des Paulus hat, wenn man die Situation und die Länder nicht kennt, in denen Paulus versucht hat zu missionieren, in denen er Menschen begegnet ist, in denen er Probleme lösen und oft genug um sein Leben bangen musste.

Paulus hat Jesu Botschaft verfälscht, sagen seit Friedrich Nietzsche viele Paulus-Kritiker: Er habe sie leibfeindlich gemacht, obrigkeitshörig und frauenfeindlich. Der Roman zeichnet Paulus aber nicht als Moralapostel, als gnadenlosen Hardliner, sondern eher als unangepassten Außenseiter, überzeugt und innerlich bewegt nach seinem Damaskus-Erlebnis, das ihn dazu bringt, radikal und konsequent sein Leben »umzukrempeln« und sich als Wanderprediger aufzumachen, um über Jesus und seine Botschaft zu erzählen.

Zum Autor

Alois Prinz wurde 1958 in Wurmannsquick (Niederbayern) geboren und arbeitet heute als freischaffender Autor. Er hat den Evangelischen Buchpreis für sein Werk »Beruf Philosophin oder Die Liebe zur Welt. Die Lebensgeschichte der Hannah Arendt« bekommen und wurde mit dem Deutschen Jugendliteraturpreis für seine Publikation »Lieber wütend als traurig. Die Lebensgeschichte der Ulrike Marie Meinhof« ausgezeichnet.

Didaktische Grundgedanken

In dem Roman wird die Lebensgeschichte des Apostels Paulus nacherzählt. Dabei verbindet der Autor geschickt zeitgeschichtliche Informationen und Details zum Leben des Paulus, sodass Paulus' Lehre und sein Leben im Zusammenhang verständlich werden. Erzählerisch wird ein sympathisches Bild des ersten großen christlichen Theologen gezeichnet. Als Leser erfährt man Wichtiges zu Städten, in denen Paulus weilte, wie Tarsus (S. 34 ff., 117), Jerusalem (S. 50), Rom (S. 87), Philippi (S. 122), Korinth (S. 144) und Ephesus (S. 166 ff.), zu religiösen Gruppierungen, Kaisern/ Königen und dem Judentum des Juden Paulus. Die Reiseroute lässt sich anhand der im Buch enthaltenen Karte nachverfolgen und es wird u. a. deutlich, wie umständlich Paulus' Reisen teilweise waren, wenn er Orte, aus denen er bereits hatte fliehen müssen, zu umgehen versuchte.

Insgesamt ist das Buch geeignet, ein erstes Verständnis von der Entstehung und Verbreitung des Christentums zu entwickeln und die Schwierigkeiten, Konflikte und Probleme narrativ zu erleben, mit denen Paulus als einer der ersten Christen zu kämpfen hatte.

2.3 Biblische Gestalten

Stefan Heym:
Der König David Bericht.
Kindler Verlag: München 1972.
Neuauflage: Btb Verlag: München 2005
Seitenzahl: 288
Preis: 9,00 €

Ab Klasse 9/Fokus: David

Inhalt

Der König David Bericht behandelt in 26 Kapiteln eine entscheidende Phase im Leben des Autors und Historikers Ethan ben Hoshaja, der als »Redaktor« von König Salomo *zur Ausarbeitung des Einen und Einzigen Wahren und Autoritativen, Historisch Genauen und Amtlich Anerkannten Berichts über den Erstaunlichen Aufstieg, das Gottesfürchtige Leben, sowie die Heroischen Taten und Wunderbaren Leistungen des David ben Jesse, Königs von Juda während Sieben und beider Juda und Israel während Dreiunddreißig Jahren, des Erwählten Gottes [!] und Vaters von König Salomo* (S. 10) gezwungen wird. Heym siedelt die Handlung im alttestamentlichen Israel an und verarbeitet die Frühgeschichte des biblischen Volkes Israel.

Ethan wird in eine Kommission aus hochrangigen Staatsvertretern berufen, in der er jedoch kein Stimmrecht hat. Weitere Mitglieder sind der Kanzler Josaphat, der Heerführer Benaja, der Prophet Nathan, der Priester Zadok und die Schreiber Elihoreph und Ahija.

Für seine Recherchen wertet er Dokumente wie z. B. Tontäfelchen aus Davids Herrschaftszeit aus. Außerdem spricht er mit noch lebenden Zeitgenossen Davids, darunter Bath-sheba, der Mutter Salomos, oder Davids Frau Michal, aber auch Wahrsagerinnen, Huren und Soldaten.

Ethan muss aus diesen Quellen und Gesprächen erfahren, dass das Davidbild der Tradition nicht dem seiner Recherchen entspricht. David ist danach nicht der glanzvolle König, den Salomo in dem Bericht dargestellt haben möchte. Er entpuppt sich eher als Machtmensch, der zum Erreichen seiner politischen Ziele bedenkenlos Menschenleben opferte. Er verübte Verbrechen unter dem Vorwand, in göttlichem Auftrag zu handeln. Zum ambivalenten Charakter des Königs gehörte auch, dass er sich von seinen Leidenschaften leiten ließ.

Obwohl Ethan seine Erkenntnisse über David in seinem Bericht nur verdeckt andeutet, zieht er das Misstrauen der Kommissionsmitglieder auf sich. Diese erkennen, dass Ethan durch sein Wissen die heroische Darstellung Davids gefährden kann und machen ihm wegen Hochverrats den Prozess. In einem salomonischen Urteil verurteilt König Salomo den Schreiber nicht zum Tode. Statt dessen soll der Bericht totgeschwiegen und Ethans Name vergessen werden. Salomo nimmt Lilith, eine der drei Frauen Ethans, am Hofe auf, während Ethan aus Jerusalem fliehen muss.

Zum Autor

Stefan Heym, 1913 in Chemnitz geboren, war ein deutsch-jüdischer Schriftsteller und Journalist. Seine Jugend verbrachte er in Deutschland, floh 1933 vor den Nazis in die Tschechoslowakei und 1935 weiter in die USA. 1952 ging er gemeinsam mit vielen anderen ›linken‹ Intellektuellen der McCarthy-Ära in die DDR und wurde anfangs als antifaschistischer Emigrant mit offenen Armen aufgenommen. Schon bald kam es aber zu Konflikten und schließlich sogar zu einem Publikationsverbot. In den Jahren nach 1989 wurde Heym durch seine Kritik an der Benachteiligung der Ostdeutschen im Verlauf der Wiedervereinigung bekannt. Heym starb 2001.

Didaktische Grundgedanken

Der Roman »Der König David Bericht« ist 1972 in der DDR erschienen. Im Zentrum der Darstellung steht neben der *Davidfigur* die Auseinandersetzung mit *Machtausübung und Machtmissbrauch*. Auch die Themenkomplexe der Art und Weise der *Darstellung von Geschichte,* der *Frage nach Wahrheit und Deutung* und des *Rechts auf Meinungs-*

freiheit werden bearbeitet. Darüber hinaus wird das Thema *Judentum* in vielen Facetten berührt:

»Wenn Sie ein Buch von mir lesen, glaube ich nicht, daß Sie sagen werden, das muß ein Jude geschrieben haben. Es kann genausogut ein Nichtjude geschrieben haben. Andererseits, den König-David-Bericht und andere Bücher dieser Art können eben nur jüdische Schriftsteller geschrieben haben, die den Geist eines Menschen wie David oder Ahasver oder auch Jesus aus der Geschichte der Juden heraus begreifen können, aus der Geschichte einer ständig unterdrückten Minderheit.«[4]

Weiterführende Literatur
Christiane Bohnert, Stefan Heym, »Der König-David-Bericht«. Die
    Ohnmacht der Macht vor der Geschichte. In: Paul Gerhard Kluss-
    mann und Heinrich Mohr (Hg.): Dialektik des Anfangs. Spiele des
    Lachens, Literaturpolitik in Bibliotheken. Über Texte von Heiner
    Müller, Franz Fühmann, Stefan Heym. Bonn 1986. 143–195

Eric-Emmanuel Schmitt:
Das Evangelium nach Pilatus.
Frz. Orig. 2000. Fischer Verlag: Frankfurt/M.
2005. Neuauflage: Fischer Taschenbuch 2007
Seitenzahl: 297
Preis: 8,95 €

Ab Klasse 10/Fokus: Pilatus, Jesus

Inhalt
Die Darstellung ist dreigeteilt und beginnt mit der 80-seitigen Lebensbeichte eines gewissen Monsieur Jeshua aus Nazareth. Quasi als fünftes Evangelium liest man die Geschichte von Jesus in neuer Version nun aus der Ich-Perspektive, ein von einigen Kritikern als

---

4   Herlinde Koelbl: Jüdische Portraits. Photographien und Interviews von
    Herlinde Koelbl. Frankfurt/M. 1989, darin: Stefan Heym, S. 115–117, 115.

größenwahnsinnige Idee angesehener literarischer Zugang (SZ 28.1.06). Seine Häscher erwartend, berichtet Jeschua in seinen letzten Minuten am Ölberg über seine Sorgen, seine Fehler und sein zurückliegendes Leben. Die Worte der Mutter klingen ihm noch im Ohr: »Jemand, der liebt wie du, wird leiden müssen.« Er fühlt sich als schlechter Jude und als schlechter Zimmermann und resümiert: »Der ganze Ärger begann mit den Wundern.« Jesus zweifelt bis kurz vor seinem Tod daran, ob er wirklich der Sohn Gottes ist oder nur einer der vielen Propheten, die zu dieser Zeit durch Palästina ziehen.

In dieser Darstellung ist auch die Rolle des Judas geändert: Schmitt macht ihn zum treuen Jünger seines Herrn. Der Verrat erscheint so als die Tat des treuesten Jüngers, der Jesus helfen möchte, die Heilsgeschichte zu vollenden. Diese Idee hatten vor Schmitt schon einige andere, wie z. B. Jose Luis Borges in »Drei Fassungen von Judas« 1956. Mit Jesu Tod am Kreuz endet dieser erste Teil.

Nun erzählt Schmitt die bewegenden Tage in Jerusalem nach der Kreuzigung aus der Perspektive des Pontius Pilatus frei nach Pilatus' Frage aus dem Johannesevangelium: «Was ist die Wahrheit?« (Joh 18,38). Der Leser erfährt durch Briefe an den »lieben Bruder Titus« in Rom, was der Statthalter über seine Verwaltungsaufgaben zu berichten hat. Weil die Leiche des jüdischen Wanderpredigers verschwunden ist, droht Palästina eine Hysterie. Pilatus muss als pragmatischer Realist für Ordnung sorgen, ist mit dem Durcheinander aber eher überfordert und vermutet überall Intrigen, in denen er ermitteln muss. Gemeinsam mit einem großen Polizeiaufgebot durchsucht er jeden Winkel der Stadt, aber die Leiche bleibt verschwunden. Gerüchte dringen an Pilatus' Ohr, wonach der Tote anderen Menschen begegnet, also auferstanden und gen Himmel gefahren sein soll. Solches Geschwätz belustigt den Rationalisten zumindest am Anfang. Als er Jesus leibhaftig begegnet, bleibt er selbst angesichts dieses Wunders immer noch kritisch und sucht nach intellektuell abgesicherten Erklärungsmustern. Diese befriedigen ihn aber alle nicht wirklich. Immer stärker kommen Pilatus' Zweifel zum Tragen, ob an der Auferstehungsdeutung doch etwas ›dran sein‹ könnte.

Der Zweifel Jesu wie auch Pontius Pilatus' ist das symmetrische Element, das die beiden Teile verbindet und den Leser lehrt, dass zum Glauben immer auch der Zweifel dazugehört. Viele bekannte Personen tauchen auch in diesem zweiten Teil des Romans in völlig neuen Rollen und Zuschreibungen auf. So kniet die »grausame« Salomé am Fuße des Kreuzes in gläubiger, fast wahnsinniger Manier.

Der dritte Teil umfasst fast 50 Seiten. Als »Chronik eines gestohlenen Romans« berichtet der Autor nun von der Entstehung seines Romans und deren Schwierigkeiten: vom Diebstahl eines Schreibcomputers, der die zehnjährige Arbeit an seinem Manuskript zunichte machte, und der Lösung, den Roman aus dem Gedächnis per Hand noch einmal zu schreiben. Ziel dieses ›Werkstattberichts‹ ist es wohl, dem Text durch seine Geschichte aufzuwerten und den Autor als Evangelisten zu inszenieren.

Das Werk ist keine klassische Jugendliteratur, aber für Schüler der Oberstufe durchaus geeignet.

Zum Autor

Der französische Autor Eric-Emmanuel Schmitt, geboren 1960, arbeitet seit Beginn der neunziger Jahre als Romancier, Dramatiker und Autor für Theater, Fernsehen und Film. Mit den »Blumen des Koran« und mit »Oskar und die Dame in Rosa« war er lange auf den Bestsellerlisten vertreten.

Didaktische Grundgedanken

Schmitt greift in seinem Roman die bekannte Geschichte von Jesu Verurteilung, seinem Tod und seiner möglichen Auferstehung auf. Jesus wird allerdings nicht als der überzeugte Messias, sondern als zutiefst zweifelnder Mensch dargestellt *(Jesusbilder)*. Auch der *Figur des Judas* kann mit Gewinn nachgegangen werden. Historisch interessant und in den Evangelien selbst kaum berücksichtigt, steht dann im zweiten Teil die *Figur des Pilatus* im Mittelpunkt.

Auch der Vergleich der Evangeliendarstellungen, die Analyse der Theologie der Evangelisten und die Beschäftigung mit der Abgrenzung zu Schriften außerhalb des Kanons (fünftes Evangelium) sind interessante Zugänge.

Walter Jens:
Der Fall Judas.
Kreuz Verlag: Stuttgart 1975/1999
Seitenzahl: 75
Preis: ab 8 €

Ab Klasse 10/Fokus: Pilatus, Jesus

Inhalt

Der Erzähler dieses manchmal auch als Theaterstück aufgeführten Romans ist der katholische Kirchenrechtler Ettore Pedronelli. Dieser berichtet im Rückblick auf einen denkwürdigen Prozess, den er zwölf Jahre zuvor im Namen des deutschen Franziskaners Berthold geführt hatte, von seinem Vorschlag, dass Judas aufgrund seines Mitwirkens am Heilsplan Gottes seliggesprochen werden solle.

In Rom wird daraufhin tatsächlich ein Verfahren eröffnet, Gutachten werden erstellt und ein Gegenplädoyer wird gehalten. Das Schlussurteil fällt allerdings ohne definitive Entscheidung. Pedronelli und Bruder Berthold werden von der römischen Hierarchie »kaltgestellt«.

Drei Modelle der Beurteilung der Judasfigur werden dabei genannt:
1. War Jesus ein Opfer des Judas, der ihn arglistig täuschte?
2. War Judas ein Opfer Jesu, der einen Verräter ›brauchte‹?
3. Waren Jesus und Judas gemeinsam Opfer des göttlichen Plans?

Jens bietet also mehrere mögliche Interpretationen der Judas-Gestalt an und stellt seine These folgendermaßen vor: Judas ist das Sinnbild für alle Minderheiten, die um ihrer Andersartigkeit willen verfolgt werden.

Für Pedronelli und Bruder Berthold steht fest: Verständlich wird die Geschichte des Judas nur dann, wenn Judas nicht Verräter Jesu, sondern dessen Vertrauter war, nicht Feind Jesu, sondern dessen engster bis zum letzten Kuss bezeugter Freund, Bruder und Miterlöser, bereit, die ihm in Gottes Plan zugedachte Rolle des Verräters zu spielen. Diese These wird von den vatikanischen Behörden natürlich abgelehnt, da sie radikal dem traditionellen Verständnis widerspricht.

In dieser Version braucht Jesus Judas so dringend wie Gott den Teufel, denn Judas dient Jesus in einem abgekarteten Spiel. Ohne ihn gäbe es kein Christentum – und, noch provozierender: Ohne Judas, die Inkarnation antisemitischer Zuschreibungen, gäbe es auch kein Pogrom. Was, so fragt Jens weiter, wäre im Falle von Judas' Weigerung mitzuspielen geschehen?

Die Schlussfolgerung liegt nahe, dass der vermeintliche Verrat für die Entstehung des Judenhasses notwendig war. Zwar war Judas nicht das einzige Argument für christlichen Judenhass, aber ein gewichtiges.

Zum Autor

Walter Jens, geboren 1923 in Hamburg, ist emeritierter Ordinarius für Rhetorik an der Eberhard-Karls-Universität Tübingen, Altphilologe, Literaturhistoriker, Schriftsteller, Kritiker und Übersetzer. Er war Präsident des P.E.N.-Zentrums der Bundesrepublik Deutschland und Präsident der Akademie der Künste zu Berlin.

Didaktische Grundgedanken

Die Judasfigur fasziniert und erschreckt gleichermaßen. Sie ist historisch im *Kontext des Judenhasses* von großer Bedeutung und nötigt einem auch heute noch wichtige theologische Fragen nach der Bestimmung des Menschen auf, weil im Blick auf das Schicksal des Judas auch das Schicksal Jesu im besten Sinne fragwürdig geworden ist.

Um die Figur des Judas wurde international *literarisch und künstlerisch vielfältig* gearbeitet. Dabei erscheint Judas mal als Widerstandskämpfer, mal als Nationalist, als Sozialrevolutionär, Miterlöser oder zweiter Messias.

Einer der ersten Versuche, Judas nachträglich literarisch zu rechtfertigen und freizusprechen, ist der Zyklus von vier Sonetten über Judas von Schalom Ben-Chorin (1913–1999). Sein Gedicht »Judas Ischariot« beginnt mit dem Satz »Er war der Gläubigste unter allen Jüngern«, und im letzten Vers umarmt ihn Gott und spricht zu ihm: »Du bist nach ihm[5] mein allerliebster Sohn.« Josef Reding hinter-

---

5 Gemeint ist hier Jesus.

fragt in seiner 1958 veröffentlichten Kurzgeschichte »Wer betet für Judas?« die Verurteilung des Judas und betont, dass Judas in jedem von uns lebt. Selbst bei Wolf Biermann liest man die Verse: »Wahr ist, dass besagter Verräter seinen Chef/Auf dessen eigenen Wunsch hin hochgehn ließ./Er verriet den, der verraten werden wollte.« Moderne Judas-Bearbeitungen in der Literatur stimmen weitgehend überein: Der Fall Judas muss neu bewertet werden, und am Ende kann nur der *Freispruch für Judas* stehen. Wenn aber Judas freigesprochen wird, müssen auch Jesus und seine Heilsbedeutung für die Menschheit noch einmal in einem neuen Licht betrachtet werden. Im Kontext der Erzählung bieten sich also Fragen nach der Person des *Judas, seiner biblischen und literarischen Darstellung,* seiner Funktion und der damit verbundenen theologischen Bewertung an.

Luise Rinser:
Mirjam. Ein Evangelium.
Fischer Verlag: Frankfurt/M. 1987/2011
Seitenzahl: 336
Preis: 8,95 €

Ab Klasse 9/Fokus: Frauen, Jesus, Judas

Inhalt

»Hier bringt eine Frau die versteinerte Männerwelt um Jesus zum Tanzen: Judas (›Jehuda‹) will Politik machen, Johannes (›Jochanan‹) grübelt ewig, Jesus (›Jeschua‹) heilt, und Mirjam aus Magdala, die schöne Makkabäer-Tochter, sucht sich selber und den Sinn des Lebens. Sie ist Rebellin und Getreue, Begleiterin und oft Zweifelnde, eine starke, liebende Frau. Sie harrte aus unter dem Kreuz und sah als erste Jesus nach seinem Tod. Eine Frau also von zweifelhaftem Ruf war zuerst vertraut mit dem größten Mysterium des christlichen Glaubens. ›Weibergeschwätz‹ war die erste Reaktion der Männer, als

Mirjam von dem ›Auferstandenen‹ erzählte…« So rezensierte Franz Alt seinerzeit in *Die Zeit*.[6]

Rinser distanziert sich in diesem viel verkauften und viel gelesenen Buch von der dogmatisch-rechtlich verfassten Kirche, die sich ausgehend vom »selbsternannten Apostel« (326) Paulus auf diesen beruft. Stark macht sie sich in ihrem Buch neben ihrem Bekenntnis zum Pazifisten Jesus für den Feminismus, indem Mirjam als selbstbewusste Frau gezeichnet wird, die in ihrem eigenen Leben für die Befreiung der Frauen kämpft und mit den geltenden Konventionen bricht. Mirjam erzählt ihre Lebensgeschichte im Rückblick aus ihrem Einsiedlerinnenexil:

Die junge Mirjam weigert sich, den ihr aufgezwungenen Mann anzunehmen. Sie erlernt mit Hilfe ihres Bruders die Thora, sie reitet allein in die Wüste, sie geht nicht mit einem Geschäftsmann ins aufgeklärte Griechenland, sondern will sich den Aufständischen anschließen. Mirjam salbt Jesus, sie wird die erste Frau unter den Jüngern, hat unter Ablehnung zu leiden, auch weil sie z. B. nicht kochen kann. Aber Jesus verteidigt sie, das gibt ihr Halt und Sicherheit. Vielleicht predigt Mirjam deshalb mutig nach dem Tod Jesu und ermuntert und tröstet mit ihrer Stärke sogar die männlichen Nachfolger Jesu.

In Diskussionen im Jüngerkreis, vor allem mit Judas, macht Mirjam sich immer für den Pazifismus stark: Sie will das Reich Gottes nicht herbeikämpfen. Deshalb folgt sie seiner Aufforderung, in den Kampf zu ziehen, nicht.

Die Frau Mirjam ist es dann, der Jesus als erster nach seiner Auferstehung begegnet, aber später zweifelt auch sie, ob nicht doch nur ein Dämon die Gestalt von Jesus nachgeahmt haben könnte. Zum ersten Mal denkt sie darüber nach, ob Jesus wirklich gestorben ist. Dann aber begegnet Jesus ihr noch einmal und prophezeit ihr ewiges Leben.

Mirjam schildert auch die Verfolgungen des Paulus und seine Wandlung vom Saulus zum Paulus. Über seine Idee jedoch, dass das,

---

6   Vgl. Franz Alt: Jesus – Frau im Mann. Luise Rinsers Buch »Mirjam«. Die Zeit vom 16.3.1984, zit. nach http://www.zeit.de/1984/12/jesus-frau-im-mann (Zugriff am 5.1.2012)

was später als »Christentum« bezeichnet wird, die Weltherrschaft erreichen soll, ist sie zutiefst verstört.

Zur Autorin

1911 in Pitzling/Oberbayern geboren, studierte Luise Rinser in München Pädagogik und Psychologie. Nach dem Examen arbeitete sie als Aushilfslehrerin an verschiedenen oberbayerischen Schulen. Sie verweigerte den obligaten Eintritt in die NS-Partei und wurde 1944 wegen sogenannter »Wehrkraftzersetzung« denunziert und verhaftet; ihre Hinrichtung wurde nur durch das Kriegsende verhindert. Nach dem Krieg arbeitete Rinser als Journalistin und veröffentlichte mehrere Romane. Sie ist am 17. März 2002 gestorben.

Didaktische Grundgedanken

Große Teile des Buches erzählen *bekanntes biblisches Traditionsgut* nach. Interessant wird dies aber, weil Rinser an vielen Stellen ausgestaltet, psychologisch ausarbeitet, nachfragt und im Text diskutieren lässt. z. B. kontrastiert sie zu Maria Magdalena Judas als Jesu »dunklen Zwillingsbruder« (64), den zelotischen Widerstandskämpfer und glühenden Weggefährten, der auf den politischen Messias hofft, und auch den griechisch gebildeten Philosophen, der die Bodenhaftung zu verlieren scheint. Diese drei unterhalten sich über *Person, Botschaft und Bedeutung Jesu* und können so didaktisches Nachdenken anregen.

Rinser geht es um die *Korrektur des traditionellen Bildes von Maria Magdalena.* Sie sei keine Hure gewesen, sondern eine kluge, eigenständige, schöne, wissbegierige und rebellische junge Frau. »Du warst nicht Jeschuas untertänige Dienerin«, so Rinser in einem späteren fiktiven Brief an ihre Mirjam, »Du warst seine Gefährtin, die einzig Ebenbürtige.« (Rinser 1987, 50) Die *Zeitbedingtheit eines jeden Jesusbildes* einerseits und die *Konstruiertheit* andererseits sind wichtige Themen, die an dieser Lektüre bearbeitet werden können.

Weiterführende Literatur

Luise Rinser: An Maria Magdala. In: Ralf Niemann (Hg.): Liebe Maria, lieber Petrus! Briefe. Gütersloh 1987, 48–51

Georg Langenhorst (Hg.): Christliche Literatur für unsere Zeit. Fünfzig Leseempfehlungen. München 2007, darin: Ders.: Luise Rinser, Mirjam, 267–271

2.4 Kirchengeschichte – Persönlichkeiten der Kirchengeschichte

Ingeborg Engelhardt:
Hexen in der Stadt.
Deutscher Taschenbuch Verlag: München
1971/2008
Seitenzahl: 196
Preis: 6,95 €

Ab Klasse 8/Fokus: Mittelalter,
Hexenverfolgung

Inhalt

Dieser Klassiker der Jugendliteratur ist seit mehr als 40 Jahren auf dem deutschen Buchmarkt und fasziniert durch seine Anschaulichkeit und Spannung.

In einer süddeutschen Bischofsstadt häuft sich seit langem das Unglück: Die Ernte verdirbt, die Pest fordert ihre Opfer und Elend und Hunger nehmen stetig zu. Schuld daran sind die Hexen, davon ist Bischof Philipp Adolf überzeugt. Schon seit längerem sind Hexenprozesse im Gange. Bis jetzt waren hauptsächlich alte Frauen davon betroffen, doch nun ist auch eine junge Magd unter den Angeklagten. Der Arzt Sebastian Reutter und seine Frau Veronika, die sich während der Pest in der Stadt ein hohes Ansehen erworben haben, versuchen den Menschen in ihrem Umfeld die übertriebene Angst vor Hexen zu nehmen. Jedoch können sie sich nicht zu offen gegen den Hexenwahn stellen, da sie sonst selbst unter Hexereiverdacht geraten könnten – zumal schon zu Beginn angedeutet wird, dass sowohl Veronika als auch ihre jüngste Tochter Sabine über besondere Kräfte verfügen. Zur Zeit der Erzählung setzt eine Verschärfung der Hexenprozesse ein; der Jesuitenpater Friedrich wird als Inquisitor in die Stadt berufen und der einfältige Junge Kilian Poscher wird zum

Malefizschreiber ernannt. Immer mehr Menschen geraten in den Sog der Hexenprozesse. Den Angeklagten werden unter Folter Geständnisse abgepresst, in denen auch Namen anderer Bürger auftauchen, die sich der Hexerei schuldig gemacht haben sollen. Pater Friedrich beginnt während seiner Tätigkeit an diesem Procedere zu zweifeln.

Als er Sebastian und Veronika die Nachricht überbringt, dass deren jüngste Tochter Sabine denunziert worden sei, überschlagen sich die Ereignisse im Hause Reutter: Die Töchter fliehen, Veronika gesteht ihrem Mann unterdessen, dass sie magische, jedoch ausschließlich zum Guten angewandte Fähigkeiten besitzt. Sebastian ist völlig verstört, denn er ist als Mediziner ausschließlich seinem rational zugänglichen Weltbild verpflichtet und fühlt sich in seiner Ehre als Wissenschaftler gekränkt. So kommt es zum Bruch zwischen den beiden. Sebastian hatte Veronika einst aus einer misslichen Situation zwischen Hexenverdacht und ungewollter Schwangerschaft befreit, indem er sie geheiratet hatte. Nun erfährt er auch, wer der leibliche Vater des Kindes seiner ältesten Tochter Jakobine ist: Der Bischof persönlich.

Sie trennen sich mit dem Plan, dass Veronika sich in einer geerbten Weinberghütte versteckt, während Sebastian zunächst nach den Töchtern suchen und später Verbündete gegen den Hexenwahn gewinnen will. Veronika verbringt über ein Jahr in der Hütte und verliert allen Lebensmut im Warten auf ein Lebenszeichen von Sebastian oder ihren Töchtern. Der Hexenwahn ist inzwischen so weit fortgeschritten, dass weder Geistliche noch Kinder von den Prozessen ausgenommen sind. Versuche, etwas gegen diese Entwicklung zu unternehmen, scheitern. Eines Tages kommt Veronikas älteste Tochter Jakobine zur Hütte. Sie ist in völliger Verzweiflung, weil ihre beiden Töchter unter Hexereiverdacht abgeholt worden sind. Eines der Kinder trägt ein daumennagelgroßes behaartes Mal auf dem Rücken, welches es verdächtig gemacht hat.

Veronika beschließt, ihre Enkel zu retten, und damit zugleich dem ganzen Wahn ein Ende zu setzen. Sie kehrt in die Stadt zurück und bekennt sich selbst als Hexe. Beim Verhör bezichtigt sie den Bischof, mit dem Teufel im Bunde zu stehen. Der Beweis dafür sei ein daumennagelgroßes behaartes Mal auf dessen Rücken. Sie stirbt, bevor der Bischof sie zur Rede stellen kann. Aus Angst vor einem Gerichtsverfahren – denn er besitzt tatsächlich so ein Mal – und von Zweifeln an den Hexenprozessen geplagt, lässt der Bischof die Verfahren einstellen.

Pater Friedrich ist der historischen Figur des Friedrich Spee von Langenfeld nachempfunden, der 1631 die »Cautio Criminalis«, eine Schrift gegen den Hexenwahn, verfasst hat. Die Figur des Kilian Poscher geht ebenfalls auf eine historische Person zurück. Seine »Chronik des Malefizschreibers« ist zu großen Teilen erhalten und wurde literarisch übernommen.

Zur Autorin

Ingeborg Engelhardt, geboren 1904 in Posen und aufgewachsen in Oberschlesien, wurde erst in der Nachkriegszeit mit ihrer schriftstellerischen Arbeit bekannt. Ihr besonderes Metier waren dabei historische Romane. 1963 erhielt sie den Deutschen Jugendbuchpreis für ihren Roman »Ein Schiff nach Grönland«. Ingeborg Engelhardt starb 1990 in Lübeck.

Didaktische Grundgedanken

Zu den grausamsten Ereignissen der europäischen Geschichte gehören die Hexenverfolgung und der Hexenwahn im Mittelalter und der frühen Neuzeit. Die Schüler gewinnen durch die Lektüre einen Einblick in das *Wesen und Weltbild des mittelalterlichen Menschen* mit seinen Vorstellungen, Ängsten, Bedürfnissen und Nöten, um die *Hexenverfolgung als psychologisches und soziales Phänomen* einordnen zu können. Sowohl historische Aspekte wie der *Dreißigjährige Krieg, das Bild der Frau, das System von Medizin und Wissenschaften im Mittelalter* oder *die Stellung der Kirche in Öffentlichkeit und Privatleben,* als auch Phänomene wie *Massenwahn, blinder Gehorsam* und *Zivilcourage* sind Gegenstände des Romans, die sich thematisch zur Behandlung im Unterricht anbieten.

Arnulf Zitelmann:
»Widerrufen kann ich nicht«.
Die Lebensgeschichte des Martin Luther.
Beltz & Gelberg Verlag: Weinheim 1983/2011
Seitenzahl: 208
Preis: 7, 95 €

Ab Klasse 8/Fokus: Martin Luther,
Reformation

Inhalt[7]

Arnulf Zitelmanns »Widerrufen kann ich nicht. Die Lebensgeschichte des Martin Luther« ist eine Biografie speziell für Jugendliche. Sie fasst auf knapp 200 Seiten die wichtigsten Ereignisse der Reformation zusammen, bietet einen Einblick in die historischen Hintergründe und stellt die Persönlichkeit und die Theologie des Reformators vor.

In einer Zeit voller Widersprüche sucht Martin Luther nach neuen Gewissheiten. Dreimal wird er exkommuniziert, sein Orden entbindet ihn der Gelübde, der Papst verhängt den Bann über ihn und der Kaiser erklärt ihn zum Staatsfeind – aber: *Widerrufen kann er nicht*! Das Buch zeichnet unter Einbeziehung vieler Originalquellen Luthers Entwicklung vom schüchternen Kind zum mutigen und freien Denker nach. Dabei hat es den Anspruch historischer Genauigkeit. Wo die Quellen schweigen, wird nach der Wahrscheinlichkeit rekonstruiert – und das wird durch das Schriftbild kenntlich gemacht.

Viele theologische Fragen und Auseinandersetzungen, die den erwachsenen Luther beschäftigten, werden psychoanalytisch auf die strenge Erziehung zurückgeführt, die dem Kind zuteil wurde. Luther habe sich zeitlebens von seinem Übervater, respektive dem ungnädigen Gott, lösen müssen und sei so – notgedrungen – zur

---

7   Entnommen aus Eva Diana Hameister: Arnulf Zitelmann, »Widerrufen kann ich nicht«. In: Mirjam Zimmermann: Religionsunterricht mit Jugendliteratur. Göttingen 2006. 80–93, 80 f.

Entfaltung der Rechtfertigungslehre gekommen, so die These des Autors Zitelmann.

Zur Sprache kommt der Ablasshandel und wie seine Kritik daran Luther in Opposition zur katholischen Kirche und schließlich bis zur Kirchenspaltung brachte. Auch theologische Theorien und Methoden werden erklärt, z. B. der Nominalismus William Ockhams. Deutlich wird Luthers konsequenter Bezug auf die Heilige Schrift herausgearbeitet. Der Autor verfolgt Luthers Weg von Augsburg über die Leipziger Disputationen und den Wormser Reichstag bis zum Bann und auf die Wartburg. Die Kämpfe und Verhandlungen mit der Kirche bis zur endgültigen Spaltung werden dabei packend geschildert. Die Leser lernen die Position Thomas Müntzers und den Bauernkrieg verstehen, sodass auch die sozialen und politischen Konsequenzen der Reformation deutlich werden. Die Kirchenspaltung war nicht nur ein religiöses Phänomen, sie zog weite Kreise. Ab dem Bauernkrieg wird die Biografie stark gekürzt weitergeführt, und die Phase des späten Luther ist nur angerissen – ohne allerdings kritische Momente, wie z. B. Luthers antisemitische Äußerungen, auszulassen.

Zum Autor

Arnulf Zitelmann, 1929 geboren, studierte in Marburg und Heidelberg Theologie und Philosophie, trat nach dem ersten theologischen Examen in den Dienst der Evangelischen Landeskirche Hessen und wirkte als Pfarrer. 1977–1992 war er als Religionslehrer am altsprachlichen Gymnasium in Darmstadt tätig. Heute lebt und arbeitet er als freier Schriftsteller in der Nähe von Darmstadt. Er veröffentlichte zahlreiche Sachbücher und belletristische Werke, v. a. genau recherchierte Romane mit historischem Bezug sowie Biographien.

Für sein literarisches Gesamtwerk wurde Arnulf Zitelmann 1994 mit dem Friedrich-Boedecker-Preis und dem Großen Preis der Deutschen Akademie für Kinder- und Jugendliteratur, 1996 mit dem Friedrich-Gerstäcker-Preis sowie 1999 mit dem Bundesverdienstkreuz ausgezeichnet.

Didaktische Grundgedanken

Der 2003 herausgekommene deutsch-amerikanische Film »Luther« (Regie: Eric Till) hatte den Untertitel: *Er veränderte die Welt für immer.* Diese Veränderungen können die Schüler auch nach der Lektüre des Jugendbuches nachvollziehen.

Martin Luther und die Reformation gehören zum Pflichtprogramm des Lehrplans in der 8. Klasse. Die Schüler können mit Hilfe der Lektüre *den Weg zur Kirchenspaltung, Luthers Bibelübersetzung, die Bedeutung der Schrift für die reformatorischen Kirchen und die Rechtfertigungslehre* kennenlernen – kurz: Sie können verstehen, warum, womit und inwiefern Luther, wenn vielleicht auch nicht die Welt, so doch das *religiöse Leben in Europa* veränderte. Der Luther-Film macht vor, was auch im Unterricht mit diesem Jugendbuch möglich ist: Die Annäherung an die Reformation über den *Menschen Martin Luther.*

Weiterführende Literatur

Eva Diana Hameister: Arnulf Zitelmann, »Widerrufen kann ich nicht«. In: Mirjam Zimmermann: Religionsunterricht praktisch mit Jugendliteratur. Göttingen 2006, 80–93

Arnulf Zitelmann:
»Keiner dreht mich um.«
Die Lebensgeschichte des Martin Luther King.
Beltz & Gelberg Verlag: Weinheim/Basel
1985/2011
Seitenzahl: 280
Preis: 7,95 €

Ab Klasse 9/Fokus: Diskriminierung der Schwarzen, Geschichte Amerikas von 1929–1968, Martin Luther King

Inhalt

Martin Luther King, der Sprecher und Repräsentant der gewaltfreien Bürgerrechtsbewegung der 50er und 60er Jahre in den USA, war einer der bedeutendsten Pazifisten dieses Jahrhunderts. Zitelmann zeichnet seinen Weg erzählend nach, durchsetzt von vielen historischen Quellen, die von Martin Luther King selbst, aber auch von seinen Befürwortern sowie Gegnern stammen. Das Buch ist biografisch in einzelne Lebensabschnitte unterteilt. Zitelmann beschreibt Aktionen wie den Busstreik von Montgomery, die Sit-ins der Studenten, den Widerstand der Kinder in Birmingham und den berühmten Sternmarsch nach Washington. Auch Martin Luther Kings Kritik am Vietnamkrieg und der Marsch in Memphis, der kurz vor Kings Ermordung geschah, werden thematisiert. Auszüge aus wichtigen Reden werden integriert sowie die Rolle des FBIs beleuchtet.

Martin Luther King wuchs als Sohn eines Pastors behütet in einer wohlhabenden Familie auf. Er war klug, sportlich und erlebte früh hautnah die Bedeutung von Rassismus, obwohl er sich stets darum bemühte, die Klischees des »Negerbildes der Weißen« gerade nicht zu erfüllen. Vielleicht versuchte er deshalb zweimal, sich das Leben zu nehmen. Bereits mit 18 Jahren erhielt der begabte junge Mann einen Auftrag als Hilfsprediger an die Kirche seines Vaters. Im Studium beeindruckte ihn Thoreaus Essay »Über die Pflicht zum Ungehorsam gegen den Staat«, und er las es mehrmals fasziniert. Doch erst der Busstreik von Montgomery »rief« ihn zum Wortführer und erinnerte ihn somit an Thoreaus Aussage, dass er »mit einem bösen System nicht länger zusammenarbeiten« wolle. Martin Luther King war von der Wirksamkeit der Gewaltlosigkeit überzeugt und protestierte deshalb bis zu seinem Tod in Anlehnung an sein Idol Gandhi mit Methoden des gewaltfreien Widerstandes gegen die Rassentrennung. Dafür erhielt er 1964 den Friedensnobelpreis.

Das Buch macht deutlich, mit welchen Schwierigkeiten Martin Luther King bei alldem zu kämpfen hatte und wie sehr er, so der Autor Zitelmann, Zeit seines Lebens auf der Suche nach sich selbst war: Die militanten Schwarzen hatten ihn als zu kompromissbereit und einlenkend abgeschrieben, Freunde wandten sich von ihm ab, als er den Rückzug der USA aus Vietnam forderte, und der Geheimdienst setzte Agenten auf den unbequemen Wortführer der Armen an und ließ ihn ausspionieren. Aber Martin Luther King blieb dabei: »Keiner dreht mich um.«

Zum Autor

Arnulf Zitelmann, 1929 geboren, studierte in Marburg und Heidelberg Theologie und Philosophie, trat nach dem ersten theologischen Examen in den Dienst der Evangelischen Landeskirche

Hessen und wirkte als Pfarrer. 1977–1992 war er als Religionslehrer am altsprachlichen Gymnasium in Darmstadt tätig. Heute lebt und arbeitet er als freier Schriftsteller in der Nähe von Darmstadt. Er veröffentlichte zahlreiche Sachbücher und belletristische Werke, v. a. genau recherchierte Romane mit historischem Bezug sowie Biographien.

Für sein literarisches Gesamtwerk wurde Arnulf Zitelmann 1994 mit dem Friedrich-Boedecker-Preis und dem Großen Preis der Deutschen Akademie für Kinder- und Jugendliteratur, 1996 mit dem Friedrich-Gerstäcker-Preis sowie 1999 mit dem Bundesverdienstkreuz ausgezeichnet.

Didaktische Grundgedanken

Bekannte Vorfälle zur Zivilcourage in jüngster Vergangenheit in Deutschland weisen auf die Notwendigkeit solcher Vorbilder hin. Um die Lebensgeschichte von Martin Luther King, wie sie im Buch dargestellt wird, besser zu verstehen und die politischen Zusammenhänge zu klären, ist es sinnvoll, die Schüler im Voraus mit dem geschichtlichen und politischen Hintergrund Amerikas insbesondere mit Blick auf die Rassendiskriminierung vertraut zu machen. Das Buch bietet dann zahlreiche Möglichkeiten zur Auseinandersetzung mit der *Rassendiskriminierung* in historischen, aber auch aktuellen Zusammenhängen.

Ein interessantes Projekt zu »Keiner dreht mich um« hat das Gymnasium Meschede in Internet vorgestellt. Hier wurden zu zentralen Stationen kleine Szenen geschrieben: http://www.gymnasiummeschede.de/ev-reli/szene.html (letzter Zugriff: 03.04.2012)

Renate Wind:
Dem Rad in die Speichen fallen. Die Lebensgeschichte des Dietrich Bonhoeffer.
Gütersloher Verlagshaus: Gütersloh
1990/2006
Seitenzahl: 234
Preis: 7,95 €

Ab Klasse 10/Fokus: Kirche im Dritten Reich, Widerstand, Bonhoeffer

Inhalt

Renate Wind gelingt es in ihrer Biographie, den großen Theologen Dietrich Bonhoeffer als schillernde Persönlichkeit zu zeichnen. Er wird nicht als großer Held oder verklärter Heiliger dargestellt, sondern vielmehr als ein Mensch voller Fragen, Zweifel und Ängste auf der Suche nach der Wahrheit und dem richtigen Verhalten. In diesem Suchen werden auch die theologischen Fragen seiner Zeit literarisch lebendig, die auch heute noch unglaublich aktuell sind.

Bonhoeffer wird 1906 als sechstes von acht Kindern in Breslau geboren, seine Familie gehört zur Bildungselite in Deutschland. Bonhoeffer verlebt eine behütete Kindheit in Breslau und ab 1912 in Berlin. Doch mit Ausbruch des Ersten Weltkriegs und dem Tod seines Bruders wird diese »heile Welt« der Bonhoeffers erschüttert. Dietrich und seine Zwillingsschwester Sabine denken in dieser Zeit viel über den Tod nach. Seine Zeit am Gymnasium ist geprägt von der instabilen Weimarer Republik. Früh entscheidet sich Dietrich für das Theologiestudium, welches er 1923 in Tübingen beginnt. Mitten im theologischen Fragen und Suchen kommt es zu einer Existenzkrise und Dietrich unterbricht das Studium, um mit seinem Bruder Klaus nach Rom, Sizilien und Afrika zu reisen. Ab 1924 setzt er das Studium dann in Berlin fort. Dort verfolgt er die Kontroverse zwischen Barth und Harnack darüber, was die Kirche ist. Von dieser Frage geprägt, schreibt er seine Doktorarbeit zum Thema »Sanctorum Communio – eine dogmatische Untersuchung zur Soziologie der Kirche«. Nach dem Studium absolviert er sein Vikariat in Barcelona. Anschließend geht er erneut nach Berlin, habilitiert sich und hält

1930 seine Antrittsvorlesung als Privatdozent für Theologie. Danach erhält er ein Stipendium für das Union Theological Seminary in New York und verbringt dort einen Studienaufenthalt.

1933 kommen die Nationalsozialisten an die Macht. Schon bald vertritt Bonhoeffer die Ansicht, dass die Kirche zum politischen Widerstand bereit sein muss. Er findet jedoch wenig Zustimmung und muss erleben, wie die Deutschen Christen bei den Kirchenwahlen 70 Prozent der Stimmen erhalten. Zunächst weiß er keinen anderen Rat, als sich zurückzuziehen, und nimmt ein Pfarramt in London an. Aber auch von dort verfolgt er die Ereignisse in Deutschland weiter und ist erleichtert über die Abfassung der Barmer Theologischen Erklärung. 1934 bereitet er eine ökumenische Jugendkonferenz auf der dänischen Insel Fanö mit vor und hört vom gewaltlosen Widerstand Gandhis in Indien. Diesen nimmt er sich zum Vorbild und kehrt nach Deutschland zurück, um das Predigerseminar der Bekennenden Kirche in Finkenwalde zu leiten. Er ist der Meinung, wer sich wissentlich von der Bekennenden Kirche trenne, trenne sich vom Heil. Obwohl sein Predigerseminar bald als illegal erklärt wird, führt er seine Tätigkeit als Dozent weiter. Mit einem der Teilnehmer des ersten Kurses, Eberhard Bethge, verbindet ihn über die folgenden Jahre eine enge Freundschaft. 1936 unternimmt Bonhoeffer mit den Teilnehmern seines Seminars eine Reise nach Schweden und verfasst sein Buch »Nachfolge«.

In Deutschland verschärft sich die Situation immer weiter. 1939 beschließt er, eine Gastdozentur in New York zu übernehmen. Doch bereits nach vier Wochen entscheidet er sich, nach Deutschland zurückzukehren. Er beginnt im Untergrund zu arbeiten und führt von nun an ein Doppelleben. Bonhoeffer ist als Kurier der Abwehr tätig und plant sogar mit anderen zusammen ein Attentat auf Hitler, welches allerdings fehlschlägt. In dieser schwierigen Zeit begegnet er der 18jährigen Maria von Wedemeyer und verlobt sich mit ihr.

Am 5. April 1943 wird er verhaftet und ins Gefängnis nach Berlin Tegel gebracht. Während der Haft wird ihm bewusst, dass man in der Diesseitigkeit des Lebens Glauben lernen muss. Zunächst kann Dietrich in den Verhören nichts nachgewiesen werden. Ein Prozesstermin wird verschoben, dann jedoch findet die Gestapo die sogenannten »Zossener Akten«, die Bonhoeffers Schwager Hans von Dohnanyi zur späteren Rechtfertigung der Widerständler angelegt hatte und die belastende Fakten zu Dohnanyis und Bonhoeffers Beteiligung am Widerstand enthalten. Am 8. Oktober 1944 wird Dietrich ins Reichssicherheitshauptamt und dann ins KZ Buchenwald gebracht. Schließlich wird er am 9. April 1945 im KZ Flossenbürg gehängt.

Zur Autorin

Renate Wind wurde 1950 in Hamm/Westfalen geboren. Sie studierte Theologie und Erziehungswissenschaften in Bethel und Heidelberg. Anschließend promovierte sie und absolvierte ihr Vikariat in Mannheim. Heute ist sie Professorin an der Evangelischen Fachhochschule in Nürnberg. Für ihr Werk »Dem Rad in die Speichen fallen« erhielt sie 1993 den Evangelischen Buchpreis.

Didaktische Grundgedanken

Die *Lebensgeschichte Dietrich Bonhoeffers* wird in diesem Buch ausführlich beschrieben. Es bietet einen Einblick in die *zeitgeschichtlichen Umstände* und zeichnet die *Entwicklung Bonhoeffers* zum Widerstandskämpfer nach. Die Entwicklungen der *Kirchengeschichte zur Zeit des Nationalsozialismus* werden deutlich und bieten zahlreiche Anknüpfungspunkte: Was sind die Aufgaben der Kirche? Wie ist das *Verhältnis von Kirche und Staat* zu bestimmen? Welche Positionen zwischen *Anpassung und Widerstand* gibt es? Die *Spaltung der Evangelischen Kirche in Deutsche Christen und Bekennende Kirche* während des Nationalsozialismus lässt sich anhand des Buches in ihrem historischen und theologischen Kontext nachvollziehen. Auch andere Theologien der Zeit, wie zum Beispiel die von *Karl Barth,* werden literarisch vorgestellt.

Die Abfassung der *Barmer Theologischen Erklärung,* deren Inhalte und Wirkung Grundbestandteil des Oberstufenunterrichts sind, wird so umfassend verständlich. Neben den kirchengeschichtlichen Ereignissen, die Bonhoeffers Leben prägten, spielen auch *ethisch-existentielle Entscheidungsdimensionen* eine tragende Rolle. So beschäftigt sich der Protagonist immer wieder mit Lebensfragen, *wie Freundschaft, Identität und Schuld,* denn er ist der Überzeugung, dass man in der Diesseitigkeit des Lebens glauben lernen muss.

Weiterführende Literatur

Christina Lange: Dietrich Bonhoeffer im Religionsunterricht. Kassel 2008

http://www.uni-kassel.de/upress/online/frei/978–3-89958–439–4. volltext.frei.pdf

Morris Gleitzman:

Einmal.

Carlson Verlag: Hamburg 2009

Seitenzahl: 192

Preis: 8,95 €

Ab Klasse 7/Fokus: Nationalsozialismus, Judenverfolgung

Inhalt

Die Erzählung »Einmal« von Morris Gleitzman spielt in Polen im Jahre 1942. Hauptfigur ist der 9jährige jüdische Junge Felix, dessen Erfahrungen zur Zeit des Nationalsozialismus geschildert werden. Felix ist von seinen Eltern in ein katholisches Waisenhaus gebracht worden, um ihn vor den Nazis zu schützen. Den wirklichen Grund seines Aufenthalts kennt er selbst aber nicht. Er geht davon aus, dass seine Eltern, wie sie ihm gesagt haben, ihren Buchladen und einiges andere in Ordnung bringen müssen. Von Judenverfolgungen weiß der Junge nichts. Eines Tages tauchen im Waisenhaus fremde Männer mit Uniformen und Armbinden auf und verbrennen jüdische Bücher aus dem Waisenhaus. Deshalb flieht Felix aus dem Waisenhaus, um seine Eltern zu warnen und die Bücher aus ihrem Laden zu verstecken.

Auf seinem Weg in Richtung Heimat trifft er auf verlassene Häuser, Straßen und Dörfer. Ein Soldat zielt mit dem Gewehr auf ihn, er hört Schüsse und beobachtet daraufhin einen sich von Blut rot färbenden Fluss, über dessen Farbe er sich wundert ohne Zusammenhänge herzustellen, und er sieht einen Viehtransporter vollgepackt mit nackten Menschen. In kindlicher Naivität – diese treibt der Autor fast zu sehr auf die Spitze – versucht Felix all diesen schrecklichen

Bildern eine logische Erklärung zu geben, die am Guten in der Welt festhält.

Vielleicht ist es gerade diese Eigenschaft, im Leben immer wieder das Gute zu sehen und Hoffnungszeichen wahrzunehmen, wo eigentlich keine mehr sind, die es Felix, dem ›Glücklichen‹, ermöglicht durchzuhalten.

Auf seinem Weg findet Felix das Waisenkind Zelda. Er nimmt sie mit und macht ihr mit seinen erfundenen Hoffnungsgeschichten Mut. In der Großstadt werden sie zufällig von einem Mann namens Barnek mitgenommen, der sie und andere Kinder in einem Keller versteckt. Doch das Versteck wird gefunden. Alle zusammen werden von den deutschen Soldaten zum Bahnhof gebracht und in Waggons getrieben. Es gelingt Felix und den anderen jüdischen Menschen, ein Loch in die Holzwand des Waggons zu treten, sodass sie aus dem fahrenden Zug springen können. Das Buch endet damit, dass Felix und Zelda springen, aber Barnek bei den anderen Kindern im Zug bleibt, die sich nicht zu springen trauen. Von Barnek weiß zumindest der Leser, dass er ein Arzneimittel dabei hat, um sich und die Kinder zu töten.

Zum Autor

Morris Gleitzman, 1953 in England geboren, ist Kinder- und Jugendbuchautor. Heute lebt er in Australien. Die Geschichte von Felix ist durch Janusz Korczak, einen polnisch-jüdischen Arzt und Kinderbuchautor, inspiriert worden. »Einmal« wurde für den Gustav-Heinemann-Friedenspreis für Kinder- und Jugendbücher nominiert. 2011 wurde Gleitzman gemeinsam mit dem Übersetzer Uwe-Michael Gutzschhahn für dieses Werk mit dem Katholischen Kinder- und Jugendbuchpreis ausgezeichnet.

Didaktische Grundgedanken

Es muss nicht immer »Damals war es Friedrich« oder »Das Tagebuch der Anne Frank« sein, wenn Jugendbücher über die Zeit des Nationalsozialismus im Unterricht Verwendung finden. In Gleitzmans kunstvoll konstruierter Erzählung beginnt jedes Kapitel mit »Einmal«, so als ob es sich um eine der vielen Geschichten handle, die Felix im Roman erzählt. Im Verlauf der Erzählung ändert sich allerdings dessen anfangs *naive Wahrnehmung des Unsagbaren.* Im

Zentum der unterrichtlichen Behandlung wird deshalb sicherlich auch die Beschreibung der *Grausamkeiten des Nationalsozialismus* stehen, wie z. B. die Bücherverbrennung, Deportationen, Leben im jüdisches Ghetto, Ermordung von Juden.

Interessant ist, in welchen Zusammenhängen der Name Adolf Hitlers z. B. bei Moritz fällt (»wenn du sie alle anflehst, Gott, Jesus, die Jungfrau Maria, den Papst und Adolf Hitler« z. B. S. 9, 26, 31 u. a.)

Bezüge zum Film »Korczak« von Andrzej Wajda (1990) könnten vergleichend herangezogen werden. Die Erzählung endet offen, deshalb bietet sich didaktisch die Möglichkeit an, hier fortzusetzen: Was passiert mit Felix und Zelda, werden sie getötet oder überleben sie? Wie geht es mit Barnek, den Kindern und den anderen jüdischen Menschen, die im Zug bleiben, weiter?

Eine Autorenlesung, in der der Autor »Einmal« vorstellt und daraus liest, findet man unter: http://www.erlesentv.de/14–01–11-morris-gleitzman/ (Zugriff am 30.3.2012)

Weiterführende Literatur

Iris Wolf: Gleitzman Einmal. Ein Unterrichtsmodell ab Klasse 7
http://tdb.carlsen.de/carl2_resources/uploads/instructionMaterials/UM-9783551358622.pdf (Zugriff am 13.2.2012)

Christiane Thiel:
Das Jahr, in dem ich 13einhalb war.
Beltz & Gelberg Verlag: Weinheim/Basel
2007/2011
Seitenzahl: 182
Preis: 6,95 €

Ab Klasse 7/Fokus: Taufe, Freundschaft, Moral, Pubertät

Inhalt

Der Roman beschreibt in 22 knappen tagebuchähnlichen Kapiteln das 14. Lebensjahr der ostdeutschen Jugendlichen Tine. Deren beschauliches Leben zusammen mit ihrer Mutter und ihrer 17jährigen Schwester Mella in einer kleinen Wohnung in Leipzig verändert sich grundlegend, als die Mutter ein Kind mit ihrem neuen Mann Carsten bekommt. In ihr Leben treten plötzlich ein neugeborenes Baby und ein Stiefvater, der in ihren Augen »heilig« zu sein scheint, weil er selbst in einem christlichen Elternhaus groß geworden ist, ihm der christliche Glaube etwas bedeutet und er deshalb auch möchte, dass seine kleine Tochter Maria getauft wird. Für Tine beginnt hier der erste Kontakt mit Glauben und Religion, die bisher in ihrem Leben überhaupt keine Rolle gespielt haben. In fast kindlicher Naivität gemischt mit jugendlichem Aufbegehren begegnet sie dem von Carsten repräsentierten Christentum. Als sie später von ihrer Mutter erfährt, dass auch sie als Kind getauft wurde, bringt sie dieses Wissen noch mehr durcheinander und sie stellt sich die Frage, was an diesem »heiligen Zeug« überhaupt dran sei.

Doch nicht nur bezüglich dieser theoretischen Lebensfragen gerät Tine ins Straucheln. Sie besucht die 7. Klasse des Gymnasiums und schreibt schlechte Noten. Ihre einzige Freundin Ulli versucht sie nach Kräften zu unterstützen, doch leider mit wenig Erfolg. Nur im Sport scheint Tine ihre Stärken zu haben. Als Leichtathletin wechselt sie zu den Volleyballern und findet in der zwei Jahre älteren Mannschaftskapitänin Manu eine Freundin. Doch diese hat, wie Tine schnell merkt, ein Verhältnis mit dem Sportlehrer Herrn Graf. Zunächst ergibt sich nur das Problem, dass Tine von der Affäre weiß, sie aber keine Ahnung hat, wie sie ihrer Freundin helfen kann. Im Laufe des Romans erfahren auch Manus Eltern von der Lehrer-Schülerin-Affäre, die Freundin soll deshalb die Schule wechseln und bekommt dauerhaften Hausarrest. Da die Eltern Tine aber vertrauen, darf Manu sie besuchen und auch bei Tine übernachten.

So kommt es, dass Manu ihre Freundin bittet, für sie zu lügen, damit sie sich weiterhin mit Graf treffen kann. Nun steht Tine vor einem moralischen Dilemma: »Eine Freundin verrät man nicht!« Doch dies bedeutet auch, die Familie zu belügen. Das Geheimnis lastet so schwer auf Tines Schultern, dass sie mit irgendjemandem sprechen muss. Weil die Erwachsenen in ihrer Umgebung nicht folgenlos mit diesem Wissen umgehen können, bringt ihre Großmutter Tine auf die Idee, ihr Problem einem Geistlichen zu sagen, denn dieser stehe unter dem Beichtgeheimnis. Mit Mühe ringt sie sich durch und macht ein Treffen aus, bei dem sie der Pfarrerin unter Tränen die ganze Geschichte erzählt und mit ihr einen Lösungsvorschlag bespricht. Nachdem Tine Manu erzählt, dass diese Begegnung stattgefunden hat, bricht die Freundin jedoch trotzdem den Kontakt ab, ohne Tines Gewissensnot zu verstehen.

Das Buch endet mit einem Zeitsprung: Tine berichtet, dass die während der Romanhandlung immer wieder erwähnte Taufe der kleinen Halbschwester Maria wieder verschoben wurde, da Tine das Angebot hat, deren Patentante zu werden, ihr dafür aber die Konfirmation fehlt. Es bleibt aber offen, ob Tine sich für die Konfirmation und das Patenamt entscheidet.

Zur Autorin

Christiane Thiel wurde 1968 in Freiberg geboren. Nach ihrem Abitur zog sie nach Leipzig und studierte dort evangelische Theologie. 1997 wurde sie zur Pfarrerin der evangelisch-lutherischen Landeskirche Sachsen ordiniert. Da sie sich stets leidenschaftlich in der Jugendarbeit engagierte, wurde sie 2001 zur Jugendpfarrerin der Stadt Leipzig berufen.

Für ihr 2007 erschienenes Jugendbuch »Das Jahr, in dem ich 13einhalb war« erhielt sie im selben Jahr den Peter-Härtling-Preis für Kinder- und Jugendliteratur der Stadt Weinheim.

Didaktische Grundgedanken

Tine wird als ostdeutsch geprägtes junges Mädchen durch eine neue Beziehung ihrer Mutter erstmals mit *Kirche und Glauben* konfrontiert. Die Unbefangenheit und Naivität, mit der sie Dinge anfragt und in Frage stellt, spiegelt die Perspektive vieler Schüler auch in Westdeutschland: Was ist eine *Taufe*? Verändert sie etwas? Was bedeutet die *Konfirmation*? Kann die etwas »nützen«? Welche Bedingungen müssen erfüllt werden, um *Patentante* beziehungsweise Patenonkel zu werden? Was macht dieses Amt aus? Welche *Aufgaben hat ein Pfarrer/eine Pfarrerin,* und gibt es bei Seelsorgegesprächen tatsächlich ein Beichtgeheimnis?

In der Erzählung wird der *Religionsunterricht* an unterschiedlichen Stellen kritisiert. Auch hier könnte der Unterricht ansetzen und die Frage nach »gutem Religionsunterricht« stellen.

Im Fokus steht außerdem das Thema *Freundschaft.* Tine steht in einem starken *moralischen Konflikt*. Sie will auf der einen Seite ihre Freundin nicht verraten, ist aber auf der anderen Seite auch nicht fähig, ihre Familie zu belügen, um die Affäre zu decken. Ein typischer pubertärer Konflikt, der mit Gewinn exemplarisch behandelt werden kann: Welche Probleme liegen in einer *Lehrer-/Schülerbeziehung*? Welche Folgen kann das haben? Wo liegen die Grenzen dessen, was man in einer Freundschaft tun darf? Wie geht man mit solchen Konflikten um? Wo und wie kann man Hilfe bekommen?

Außerdem wird durch die Handlung auch die Problematik der *Säkularisierung in den ostdeutschen Bundesländern* deutlich: die Sonderstellung des Religionsunterrichts, die immer noch gebräuchliche Praxis der Jugendweihe etc. Hier bietet sich an, darüber nachzudenken, wie die reale *Situation der Kirche in Ost- und Westdeutschland* aussieht, ob und warum die Erziehung zum Atheismus tatsächlich erfolgreich war bzw. inwiefern die ostdeutschen Kirchen ein ganz besonderes Profil ausgebildet haben, das sie möglicherweise immer noch von denen Westdeutschlands unterscheidet.

2.5 Schöpfung/Arche

Jutta Richter:
Der Hund mit dem gelben Herzen.
Oder die Geschichte vom Gegenteil.
Carl Hanser Verlag: München/Wien 1996.
Neuauflage: Deutscher Taschenbuch Verlag:
München 2000
Seitenzahl:112
Preis: 6,95 €

Ab Klasse 5/Fokus: Schöpfung, Sündenfall

Inhalt[8]

Das Buch erzählt die Geschichte von Lotta, ihrem Bruder Prinz Neumann und einem Hund. Sie spielt in Opa Schultes dämmrigem Schuppen. Lotta hat den Hund, der eine lange Wanderung hinter sich hat, im Wald aufgegabelt und nimmt ihn mit nach Hause. Dort hören die beiden Kinder die Geschichte des Hundes: Er erzählt ihnen, wie er G. Ott kennen lernte, den großen Erfinder, der in einem wunderbaren Garten wohnt, in dem alle Pflanzen gleichzeitig blühen und Früchte tragen. G. Ott lebt dort zusammen mit seinem Freund Lobkowitz; die beiden sind ein unschlagbares Team und erfinden gemeinsam immer neue Sachen, z. B. das Gegenteil von Finsternis: Licht. Sie erfinden Fische, Vögel, Schnecken und Schafe, und G. Ott zeichnet alles in sein großes Buch, dessen Einband in Goldbuchstaben die Aufschrift trägt »Meine Welt«. Bis ihnen eines Tages auffällt, dass noch irgendetwas fehlt, und sie erkennen: Wir müssen es teilen, das Glück, das Leben, das Licht, die Freude! Was nützt uns das Haus, wenn nur wir es bewohnen, und der Tisch, wenn nur wir daran sitzen? Dann hat G. Ott die zündende Idee: Nichts leichter als das – wir machen ein Abbild! Ganz einfach ein Abbild von uns. Das ist der Anfang vom Ende.

Das Erfinden eines Abbilds gestaltet sich schwieriger als gedacht: das Äußere – Kopf, Hals, Arme, Rumpf – macht keine Probleme, aber das Innere: Lachen und Freude und Liebe und Geduld? Lobkowitz führt seinem Freund beim Zeichnen des Abbilds die Hand – und alles geht schief… Da sitzen sie nun, die Abbilder, in der Küche des Erfinders, am Tisch des Erfinders. Es sind drei: Zwei sehen grob und kräftig aus und tragen Bärte am Kinn. Das dritte scheint von anderer Art zu sein: Es ist zarter und weicher und runder und seine Stimme ist höher und leiser. Womit keiner gerechnet hat: Die Abbilder grölen und zerren G. Ott vom Stuhl, schubsen ihn in der Küche herum und lachen ihn aus. Und als Lobkowitz seinem Freund zu Hilfe kommen will, ist schon alles zu spät: Sie ballen die Fäuste und verprügeln ihn. Und die Zarte und Weiche und Runde steht dabei und feuert

8   Entnommen aus Hannah Richter: Jutta Richter, Der Hund mit dem gelben Herzen. In: Mirjam Zimmermann: Religionsunterricht mit Jugendliteratur. Göttingen 2006, 14–28, 14 f.

die anderen mit spitzen, gellenden Schreien an. Der große Erfinder aber rappelt sich auf und befiehlt mit donnernder Stimme: »Verlasst auf der Stelle mein Haus! Und wehe euch, wenn ihr es wagt, mir je wieder unter die Augen zu treten!« Und Lobkowitz, der ihm das alles eingebrockt hat, schleudert er entgegen: »Du wirst sie begleiten! Du wirst auf sie achten, sie lenken und leiten! Und wirst nicht eher ruhen, bis sie wissen, was Recht und was Unrecht ist! Du wirst damit nicht aufhören, bis du sie wirklich zum Abbild gemacht hast!« (80)

Lobkowitz muss G. Ott verlassen, und sein Auftrag erweist sich als zu schwierig. Er wird zum Säufer, der nachts auf den Straßen den Mond anheult und Selbstgespräche führt. In dieser Situation findet ihn der Hund, hört seine Geschichte und versucht, ihn und G. Ott wieder zusammenzuführen. Es gelingt ihm nicht, denn die Gartenpforte ist unauffindbar. Aber die Geschichte geht weiter. Sie geht bis zum heutigen Tag, und wir alle spielen darin eine Rolle – so lange, bis alle ein wirkliches Abbild geworden sind.

Zur Autorin

Jutta Richter, geboren 1955 in Burgsteinfurt/Westfalen, studierte katholische Theologie, Germanistik und Publizistik. Sie lebt heute als freiberufliche Autorin im Münsterland und schreibt für Erwachsene, Jugendliche und Kinder Erzählungen, Hörspiele, Theaterstücke, Lieder und Gedichte. Für ihre literarischen Werke wurde sie mehrfach ausgezeichnet. Jutta Richter erhielt 2000 für ihr Buch »Der Hund mit dem gelben Herzen« den Rattenfänger-Literaturpreis.

Didaktische Grundgedanken

Jutta Richters »Geschichte vom Gegenteil« ist ein literarisch feinsinniges Konstrukt, das es den Lesern überlässt, die Geschichte von der *Erschaffung der Welt, vom Anfang des Streits* und von den *Möglichkeiten der Versöhnung* in ihr Weltbild zu integrieren. In anschaulicher Weise weckt sie anhand der Geschichte von einem Hund, der direkt aus dem paradiesischen Garten eines gewissen G. Ott kommt, die Neugier für die *Ursprünge unseres Seins* – eine Verflechtung von Erzählebenen, die zu längerem Nachsinnen anregt.

Die Schöpfungserzählung, der Mythos von der Erschaffung der Welt, erscheint in diesem Buch in poetisch-narrativer, märchenhafter und dabei immer auch lebensnaher Gestalt. So macht das Buch Zusagen, die sowohl den Kindern Mut machen als auch dem religionspädagogischen Anspruch entgegenkommen: Das Urbild der Schöpfung ist ein Wunder an Fülle, Freude und gutem Willen – und ebenso ihr Schöpfer. Freude gedeiht nur, wo sie wachsen und sich äußern darf und wo sie geteilt wird. Und schließlich: Menschen ohne *freien Willen* sind »wie Schafe«. Um die Unvollkommenheit der vorfindlichen Welt zu deuten, wird das als »Fehler« einem anderen als Gott in die Schuhe geschoben. Das ist natürlich nicht der Weg der Bibel, aber auch hier kann die Bearbeitung ansetzen. Denn nicht um die Bibel *zu ersetzen,* sondern um ein Thema aufzuschließen, gehen wir den Weg über fremde Geschichten.

Weiterführende Literatur

Hannah Richter: Jutta Richter, Der Hund mit dem gelben Herzen. In: Mirjam Zimmermann: Religionsunterricht mit Jugendliteratur. Göttingen 2006, 14–28

Jutta Richter:
Der Anfang von allem.
Rowohlt Taschenbuch Verlag: Reinbek bei Hamburg 2010
Seitenzahl: 96
Preis: 6, 95 €

Ab Klasse 8/Fokus: Schöpfung, Kain und Abel

Inhalt

»Aber so sind die Menschen«, denkt sich die Katze, die alles weiß, nach ihrer Unterhaltung mit Adam, »hinterher haben sie es immer nie gewollt«.

Zu Beginn führt Adam eine nachdenkliche Unterhaltung mit einer Katze. Beide erinnern sich an ihr Glück im Paradies. Adam war Gärtner im Paradies und vollkommen zufrieden mit seinem Leben. Dennoch hegte er insgeheim den Traum von Zweisamkeit, und dieser Traum wurde ihm eines Tages tatsächlich erfüllt. Er bekam Eva

als Geschenk und beide freuten sich über ihre Gemeinschaft. Der
HERR des Gartens, Gott selbst, war vor allem für das Anpflanzen
von Fruchtsorten zuständig, die er dann im ersten Erntejahr selbst
ernten wollte. So war es auch mit einer neuen Apfel-Sorte. Zur Ern-
tezeit pflückten Adam und Eva alle Früchte im Garten, nur diesen
einen Baum scheute sich Adam anzufassen. Aus einer Schwanger-
schaftslaune heraus pflückte Eva aber trotzdem einen Apfel von diesem Baum. Adam, der zu schwach war, um sie in die Schranken zu
weisen, aß ebenfalls von dem Apfel. Und so nahm das Unheil seinen
Lauf: Der Herr kam zurück ins Paradies und vertrieb die beiden aus
seinem Garten. So weit ist der Duktus der Erzählung bekannt. Der
Grund der Vertreibung ist nach Richters Darstellung jedoch nicht der
Apfelklau an sich, sondern das Misstrauen und die Angst, mit denen
Adam dem Herrn des Gartens, seinem Freund, nach dem Apfelklau
begegnet. So kommen Elend und Kummer in die Welt.

Mit der Geburt Kains hält wieder paradiesisches Glück Einzug
in das Leben des Paares. Dies dauert aber nur kurz an, denn Kain ist
genau wie Eva: Er kennt keine Grenzen. So kommt es, dass Adam sich
von seiner Familie eine Zeitlang zurückzieht. Mit der Geburt seines
zweiten Sohnes, Abel, ist die Familienharmonie wieder hergestellt.
Doch der Schein trügt erneut: Kain ist nämlich eifersüchtig auf seinen Bruder Abel, weil der anscheinend von seinem Vater bevorzugt
wird. Was dann kommt, wissen wir alle.

»Die Münsterländer Kinderbuchautorin Jutta Richter wagt sich
mit ›Der Anfang von allem‹ an die älteste Liebesgeschichte der Welt
und interpretiert sie in einer luftigen Poesie als Märchen, Romanze
und Parabel. Archaische Sinnlichkeit und Lebensweisheit treffen in
Richters einfachen, klaren Sätzen aufeinander, die kraftvoll und nach-
sichtig zugleich vom Glück und von den Wirrnissen des Mensch-
seins erzählen.«[9]

Zur Autorin
Jutta Richter, geboren 1955 in Burgsteinfurt/Westfalen, studierte
katholische Theologie, Germanistik und Publizistik. Sie lebt heute

---

9   Neue Zürcher Zeitung vom 1.11.2008. Zugriff am 25.11.2011 (http://www.
     lyrikwelt.de/rezensionen/deranfangvonallem-r.htm).

als freiberufliche Autorin im Münsterland und schreibt für Erwachsene, Jugendliche und Kinder Erzählungen, Hörspiele, Theaterstücke, Lieder und Gedichte. Für ihre literarischen Werke wurde sie mehrfach ausgezeichnet.

Didaktische Grundgedanken

Jutta Richter verarbeitet in »Der Anfang von allem« wie schon in »Der Hund mit dem gelben Herzen« die biblische Schöpfungserzählung allerdings mit einigen modernen Abweichungen: Der Sündenfall durch den Heißhunger einer Schwangeren bewirkt, der Geschwisterstreit als familiäre Dauerbelastung – die *Schöpfungsgeschichte* wird hier literarisch als *Familiendrama inszeniert,* bei dem die Frau nicht gut wegkommt. Jutta Richter erzählt die erste Liebesgeschichte der Welt, die von Eifersucht und Hass, von Traurigkeit und Verzweiflung, von Liebe und Versöhnung, vom *Anfang allen Streits und aller Kriege,* vom Aufstieg und Niedergang der ersten Familie handelt. Es ist eine Geschichte so alt wie das Gedächtnis der Menschen, die anregend modern so inszeniert wird, dass alles in ihr ist als wäre sie von heute.

»Alles läuft auf die Erkenntnis hinaus: So wie Adam sind auch wir – gerade aus dem Paradies entlassen, noch mit der Erinnerung an die dortige Schönheit vertraut; und doch schon abgründig böse. So wie Adam sind auch wir – voller Sehnsucht, zwiespältig, im Gespräch mit Gott frustriert. Aber: So wie Adam sind auch wir – von Gott behütet auch in der widrigen Welt, von Gott besucht, wenn wir nach ihm rufen, vom Glück umgeben, wenn wir nur auf den wahren Adam in uns hören.«[10]

Das könnte anregend für eigene Schreibversuche sein, bietet aber auch Möglichkeiten, theologische mit literarischen Interpretationen zu vergleichen.

---

10   http://www.karl-leisner-jugend.de/buchempfehlungen_2008_2.htm (Zugriff 25.11.2011).

Ulrich Hub und Jörg Mühle:
An der Arche um Acht.
Sauerländer Verlag: Düsseldorf 2007.
Neuauflage: Deutscher Taschenbuch Verlag:
München 2009
Seitenzahl: 96
Preis: 6,95 €

Ab Klasse 3/Fokus: Arche Noah

Inhalt

Drei Pinguine streiten über die Frage nach Gott. Gibt er uns Regeln? Ist er groß und mächtig? Sieht Gott alles? Oder gibt es ihn vielleicht gar nicht? Noch während die drei Pinguine sich streiten, beginnt es zu regnen: Die Sintflut hat begonnen. Leider haben die drei Pinguine nur zwei Tickets für die Arche Noah. Was also ist mit dem dritten Pinguin? Kurz entschlossen schmuggeln die zwei Pinguine den dritten in einem Koffer auf die Arche. Ein Pinguin meint nun, er sei ›auserwählt‹ und nur deshalb würde er gerettet, er habe sich das Ticket also verdient. Der andere Pinguin denkt: »Mensch, was für ein Zufall, da waren wir zur richtigen Zeit am richtigen Ort!« Der dritte Pinguin schließlich gibt sich selbst die Schuld an der Sintflut: »Weil ich mich nicht gut verhalten habe und Gott sauer auf mich ist, hat er nun allen diese große Flut geschickt!« Auch hier auf der Arche geht also das Fragen nach Gott weiter.

Irgendwie schaffen die Pinguine es zumindest eine Zeitlang, vor der Chefin der Arche Noah, der Taube, geheim zu halten, dass sie zu dritt an Bord sind. Leider will die Taube dann unbedingt wissen, was für eine Stimme aus dem Koffer kommt. Als der eingesperrte Pinguin mit »Gott« antwortet, glaubt die Taube ihm nicht. Wieder kommt es in dem Dialog zwischen Taube und »Gott« zu einem Abgleich der Vorstellungen.

Am Ende steht die Erkenntnis der Taube, dass sie vergessen hat, einen Partner mit an Bord zu nehmen. Als nach der Flut alle Tiere die Arche paarweise verlassen, gehen die Taube und der überzählige Pinguin als Brautpaar verkleidet die Gangway hinunter und selbst

Noah bemerkt den Schwindel nicht – vielleicht auch deshalb, weil alle andächtig den Regenbogen bewundern, so der Erzähler.

Ohne andere Antworten abzuwerten, steht Noahs Antwort auf die Frage nach Gott am Schluss: »Ihr könnt euch Gott vorstellen, wie ihr wollt, aber er ist überall, in jedem Menschen, in jedem Tier, in jeder Pflanze.« (S. 60)

Zum Autor

Ulrich Hub, geboren 1963, ist ein deutscher Theaterschriftsteller, Schauspieler, Regisseur und Drehbuchautor. 1997 gewann er mit dem Stück »Die Beleidigten« den 1. Preis beim Heidelberger Stückemarkt. Seine Bühnenwerke wurden auch ins Französische und Niederländische übersetzt.

Didaktische Grundgedanken

Die *Noah-Erzählung* wird teilweise deshalb nicht im Religionsunterricht behandelt, weil es schwierig ist zu erklären, dass alle Lebewesen, die nicht zu den Auserwählten auf der Arche gehören, in der Flut sterben müssen. Auch in »An der Arche um acht« wird das Theodizeeproblem quasi ausgeklammert. Auf komische und gleichzeitig gehaltvolle Weise stellt das Buch jedoch einen ganz anderen Zugang zur Thematik her. Viele wichtige *Fragen nach Gott und nach dem Leben* werden gestellt, ohne dabei auch nur eine einzige Antwort vorschnell zu geben. Die Qualität des Buches liegt darin begründet, dass die unterschiedlichen *Gottesvorstellungen* nebeneinander stehen bleiben und nicht bewertet werden. Da findet man kindlich Naives neben theologischen Fachaussagen und kreativen Zugängen. Die Unterschiedlichkeit der Standpunkte lädt geradezu als Basis zum *Theologisieren mit Kindern* ein, denn hier sind Anknüpfungspunkte möglich und Fragen können weiter gedacht werden.

Es gibt als ergänzendes Medium ein originelles Hörbuch (2011).

Weiterführende Literatur

Anne Klaaßen: Theologisieren mit Kindern. Unterrichtseinheit zu »An der Arche um acht«. In: Schönberger Hefte 2 (2008), 2–7

Nicole Lohr und Jutta Schmeiler, Religionsprojekt zu »An der Arche um acht«. Kempen 2011

Geraldine McCaughrean:
Nicht das Ende der Welt.
Ein Arche-Noah-Roman.
Nagel und Kimche Verlag: München 2005.
Neuauflage: Hanser Verlag: München 2007
Seitenzahl: 256
Preis: 14,90 €

Ab Klasse 8/Fokus: Arche Noah

Inhalt

Was geschah eigentlich mit den Menschen, die keinen Platz auf der Arche bekamen? Was z. B. war mit den Familien der Schwiegertöchter Noahs? Sie mussten doch wissen, dass ihre Familien grausam ertrinken würden? Hatte Noah vor, Menschen, die sich auf einem Floß gerettet hatten, später aufzunehmen? Immerhin wurde er doch als der besondere und von Gott auserwählte Mensch beschrieben: Worin zeigte sich das? Wie wurde sichtbar, dass er im Besitz der Gnade war, Gottes Willen zu erkennen? Waren er und seine Familie wirklich die einzigen guten Menschen auf der Welt, und waren alle anderen von bösen Dämonen besessen? Wer oder was ist eigentlich das Böse? Wie sah das Leben auf der Arche Noah aus? Haben die Tiere sich nicht zerfleischt?

Realistisch und detailliert beschreibt die Autorin entgegen üblichen geschönten Kindergeschichten, wie schwierig es ist, von jeder Art zwei Tiere an Bord zu haben. Aber die Tiere sind neben dem Regen nicht das schlimmste Problem. Das wahre Problem ist Noah: ein Fundamentalist und Sturkopf, der von Anfang an eine »Das Boot ist voll«-Politik praktiziert. Nachbarn werden von Bord gestoßen, und wenn sie in den Fluten um Hilfe schreien, hält Noah ihnen noch eine Predigt über ihre selbstverschuldete Verdammnis. An Bord führt Noah zusammen mit seinem ältesten Sohn ein strenges Regiment: Die Frauen haben zu schweigen. Und so ermahnt Noahs Frau ihre Tochter Timna: »Vater weiß es am besten. Es steht uns Frauen nicht zu, über Gottes Wege zu reden.« (S. 33) Timna aber, Verkörperung der Humanität, zweifelt am Vater und dessen Auslegung des Wortes Gottes. Deshalb rettet sie auch die Kinder einer jungen Frau und versteckt die beiden vor Noah.

Neben Timna als zentraler Figur erzählen die anderen Familienmitglieder, besonders die Frauen und einige der Tiere, ihre Sicht der Dinge, bei der Noah scharf kritisiert wird. Die Vielperspektivität der Wahrheit zeigt sich deshalb auch im Stil, der vielstimmig angelegt ist. So ist es verständlich, dass Timna am Ende nach einer Meuterei, noch bevor rettendes Land in Sicht ist, auf einem Floß flieht, um neue Ufer anzusteuern.

Zur Autorin

Geraldine Mc Caughrean, geb. 1951, ist eine sehr bekannte britische Kinderbuchautorin. Neben über 130 Büchern für Kinder und Erwachsene, die sie selbst schrieb, wurde sie 2005 von den Rechtinhabern ausgewählt wurde, eine Fortsetzung zur Peter Pan-Geschichte zu schreiben. Schon mehrfach ausgezeichnet erhielt sie 2008 den Michael L. Printz Award.

Didaktische Grundgedanken

Die eingangs gestellten Fragen werden jeweils aus unterschiedlichen Perspektiven im Roman behandelt. Timna nimmt dabei den Gegenpart zu Noah ein, und die *Fragen* »damals« (*Wem muss geholfen werden? Warum geht es uns so gut? Was will Gott? Wer kennt den Willen Gottes und warum?*) sind auch unsere Fragen heute. Der Roman stellt Anfragen an den Glauben, auserwählt zu sein, denn das führt unweigerlich zu einem fanatischen Wahn und einem *engen gewalttätigen Gottesbild.* Erschreckend wird deutlich, wie es zu *Fanatismus* kommt und wie unbarmherzig er gegen andere macht.

Die Erzählung handelt aber auch davon, wie ein Mädchen sich vom Glauben des Vaters *emanzipiert,* ihm Fragen und ihn in Frage stellt. Wichtig ist für sie, ihre *eigene Wahrheit* zu entdecken und zu leben. All dem dient die Noah-Geschichte als inhaltlicher Rahmen.

2.6 Ethik

Gudrun Pausewang:
Ich habe Hunger, ich habe Durst.
Otto Maier Verlag: Ravensburg 1981.
Neuauflage: Ravensburger Buchverlag:
Ravensburg 2009
Seitenzahl: 192
Preis: 5,95 €

Ab Klasse 5/Fokus: Armut, Dritte Welt

Inhalt

Das bescheidene, aber zufriedene Leben von drei Generationen der Indigena-Familie Soto in ihrem kleinen Campo auf dem Land wird zu Beginn der Erzählung beschrieben. Eines Tages besucht dann ein Industrieller, der Kühlschrankverkäufer Herr Sotomayor, die Sotos, und zwingt sie, ihr Grundstück, den Ziegenhügel, zu verkaufen, weil er darauf seine Privatvilla errichten möchte.

Innerhalb von zwei Wochen muss Mama Soto, eine Witwe mit sechs Kindern, deshalb mit ihrer Familie den Hügel verlassen. Sie bekommt einen Packen gebündelter Banknoten gegen Quittung und feiert ein großes Abschiedsfest, für das sie schon einen Teil des Geldes verbraucht. Bei der Wohnungssuche wird der Betrug dann deutlich, denn die Familie findet keine adäquate Bleibe und muss schließlich eine verkommene und dennoch kaum finanzierbare Wohnung in der Stadt mieten. Nur die etwa 13jährige Tochter Sara freut sich auf das Abenteuer.

Die Familie ist mit den Anforderungen der Stadt (Einkaufen, Verkehr, Konventionen des Zusammenlebens) völlig überfordert. Ihr kleiner Hund Negro wird brutal überfahren, die Nachbarn reagieren feindlich, und verzweifelt erinnert sich Mama Soto an ihr Zuhause, viel zu stolz aber, um dorthin zurückzukehren und um Aufnahme zu bitten. Sara, nach kurzer Zeit weitgehend adaptiert, schämt sich für das Aussehen und das Verhalten ihrer Mutter, die immer noch klar als Indiofrau zu erkennen ist. Als eine Freundin von Sara zu Besuch kommt, gibt Sara sich als die Nichte des Kühlschrankfabrikanten Sotomayor und ihre Mutter als ihr Dienstmädchen aus. Maßlos enttäuscht über diesen Verrat verprügelt Mama Soto ihre Tochter.

Obwohl die Familie selbst kaum genug zum Leben hat, nimmt Mama Soto Pilar, eine Indiofrau aus den Bergen, deren Mann in der Stadt im Gefängnis sitzt, herzlich mit ihren zwei Kindern in ihre Wohnung auf und verköstigt sie.

Auch Onkel Steifbein, ein Bettler, wird in die Wohnung mitgenommen, als Mama Soto ihn bei ihren täglichen Spaziergängen auf seinem Stammplatz vermisst und krank in seiner schäbigen Unterkunft findet. Zu Hause pflegt sie ihn wieder gesund.

Beim Zählen des Restgeldes merkt Mama Soto, dass das Guthaben vom Hausverkauf fast aufgebraucht ist. So suchen Mama Soto und Pilar Arbeit. Dennoch ist das Schulgeld für die Kinder kaum aufzubringen. Also zieht die Familie in das noch ärmere und damit günstigere Vorstadtgebiet ›La Manchita‹.

Durch einen Zufall werden Saras Lügen aufgedeckt, die sie aus Scham aufgebaut hatte. Sie fliegt deshalb von der Schule. Zu allem Übel verliert ihr Bruder Jacinto kurz darauf seinen Freiplatz, Felipe ist von nun an der einzige der Kinder, der noch die Schule besuchen kann.

Pilar arbeitet in einer Bar, von der sie Sara täglich ausführlich erzählt. Eines Tages tritt dort ein Sänger, »der Hai von Barbados« auf. Sara lässt sich anwerben und verlässt heimlich die Familie.

Mama Soto muss einige Wochen später mit ihren Kindern in ein nasses Kellerloch in einem Armenviertel umziehen, in dem noch andere Menschen leben. Es ist die frühere Wohnung von Onkel Steifbein.

Jacinto schließt sich in seiner Not der Bande aus dem Keller an und klaut die zum Leben notwendigen Dinge für die Familie. Mama Soto weiß davon nichts, verdrängt allerdings böse Ahnungen. Als Onkel Steifbein sie darum bittet, die beiden kleinen Mädchen zum Betteln mitzunehmen, verletzt er ihren Stolz, aber sie weiß auch keinen anderen Ausweg. Aus Not verlässt auch Felipe die Schule und verdingt sich als Schuhputzer, lernt aber dabei weiter, indem er für seinen früheren Freund auf Bezahlung die Hausaufgaben macht. Kurz darauf wird Jacinto beim Stehlen erwischt und eingesperrt.

Carlota, eines der beiden kleinen Mädchen, wird durch die Feuchtigkeit im Keller krank. Auch ein Arztbesuch hilft nicht mehr, sie stirbt. In einer Pappschachtel begräbt die Familie das kleinste der Geschwister im Hof. Damit die Leiche nicht von Hunden gefressen wird, türmen sie viele Steine auf das Grab. Onkel Steifbein zweifelt aufgrund seiner Erlebnisse an Gott.

Während der Beerdigung werden ihnen die Hängematten und der Schaukelstuhl gestohlen, sodass Mama Soto endlich beschließt, nach El Pantano, in das Dorf am Fuß ihres früheren Ziegenhügels, heimzukehren.

Die verbleibenden Sotos ohne Sara und Carlota machen sich am Ende der Erzählung auf den Heimweg. Von dort kommt ihnen, von einer Nachbarin informiert, Emilia, eine ehemalige Freundin, entgegen. Felipe aber kehrt um und geht ins Internat, in der Hoffnung, seiner Familie durch Bildung später helfen zu können. Jacinto dagegen beschließt, die Villa Herrn Sotomayors, des Menschen, der ihrer aller Zukunft auf dem Gewissen hat, anzuzünden.

Zur Autorin

Gudrun Pausewang wurde am 3. März 1928 in Wichstadtl in Böhmen geboren. Sie wurde Lehrerin, unterrichtete an deutschen Schulen in Chile, Venezuela und Kolumbien und später in der Nähe von Fulda. Sie ist eine der bekanntesten deutschsprachigen Kinder- und Jugendbuchautorinnen. Bücher wie »Die Wolke«, »Die Not der Familie Caldera« oder »Friedensgeschichten« werden im Unterricht oft verwendet. Gudrun Pausewang wurde u. a. mit dem Gustav-Heinemann-Friedenspreis und dem Deutschen Jugendliteraturpreis ausgezeichnet.

Didaktische Grundgedanken

Das Buch bietet die Möglichkeit, durch die lebensnahe Schilderung in das *fremde Leben einer anderen sozialen und kulturellen Gruppe,* in das Leben der Armen mit allen Widersprüchen, materiellen und ideellen Schwierigkeiten, einzutauchen. Die Unterschiede zwischen den Problemen und Werten der Kinder in Südamerika und in Deutschland springen ins Auge und können unterrichtlich nutzbar gemacht werden. Wie kommt es, dass ein Reicher Mama Soto vom Glück des Stadtlebens überzeugen kann? Wie zwingt er sie zur Aufgabe des Ziegenhügels? Warum hält die Familie in der Stadt so lange den Schein aufrecht? Warum kann sie nicht mit Geld umgehen? Wie reagieren die unterschiedlichen Personen auf die schnell folgenden Schicksalsschläge?

Von der Aufarbeitung der Situation in einem exemplarisch dargestellten Dritte-Welt-Land kann auf die *Schwierigkeit von Entwicklungshilfe,* aber angesichts der *menschenunwürdigen Zustände* auch auf unsere *Verpflichtung zu helfen und zu teilen* geschlossen werden.

Weiterführende Literatur

Mirjam Zimmermann und Ruben Zimmermann: Dritte Welt im Unterricht – eine Unterrichtseinheit zur lateinamerikanischen Realität nicht nur anhand des Jugendbuches »Ich habe Hunger, ich habe Durst« von Gudrun Pausewang. Rot a.d. Rot 2001

Robert Stone:
Das Jerusalem Syndrom.
Paul Zsolnay Verlag: Wien 2000.
Neuauflage: Deutscher Taschenbuch Verlag: München 2001
Seitenzahl: 608
Preis: 24,90 €

Ab Klasse 11/Fokus: Fanatismus, Fundamentalismus

Inhalt

Unter dem Jerusalem-Syndrom versteht die Psychologie ein Phänomen, das manche Reisende in Israel befällt: In Jerusalem sind die betroffenen Personen der Überzeugung, eine biblische Persönlichkeit zu sein oder mit einer religiösen Mission betraut zu werden. Im Zentrum des Romans steht allerdings kein solcher Wahn, sondern die Wege und Abwege des Glaubens und die politischen Verflechtungen und Intrigen, die in der heiligen Stadt Jerusalem herrschen.

Christopher Lucas, ein Halbjude, arbeitet als amerikanischer Journalist in Jerusalem und beabsichtigt eine Reportage über religiösen Wahn zu schreiben. Co-Autor ist der Psychiater Dr. Pinchas Obermann, der sich mit diesem Phänomen schon lange beschäftigt. Lucas verliebt sich während seiner Recherchen in Sonia Barnes, eine Sufi-Anhängerin. Die Afroamerikanerin gehört zu einer Gruppe religiöser Fanatiker. Deren Anführer, Raziel Melker, ist der Ansicht, Adam de Kuff sei der wiedergekehrte Messias. Raziel wird aber selbst von einem durchtriebenen Polit-Hasardeur aus Polen, Janusz Zimmer, missbraucht, der im Auftrag israelischer Politiker handelt. Raziel ist der Meinung, Zimmer sei das personifizierte Böse – das braucht er für seinen Plan der neuen Welt, der damit beginnt, den Tempelberg in die Luft sprengen zu wollen. Doch die gebastelte Bombe entpuppt sich als Attrappe, die nur Raziel und seine religiösen Pläne entlarven soll. Lucas und Sonia haben Teile des Planes durchschaut und sind deshalb in Gefahr. Eine Zeitlang verlässt Lucas Israel, führt aber seine Recherchen fort und gewinnt immer mehr erschreckende Informationen, die er für die Arbeit an seinem Buch nutzen kann.

Der Roman führt dem Leser unterschiedlichste Glaubensvorstellungen, Weltanschauungen und Hindernisse auf dem Weg zu einer möglichen Verständigung vor Augen. An der Person Christophers, der eigentlich keiner Glaubensrichtung besonders verpflichtet ist, weil sein Vater Jude und seine Mutter Katholikin ist, wird der Zusammenhang zwischen Glaube und Identität deutlich: Wer nicht weiß, was er glaubt, ist in seiner Persönlichkeit besonders gefährdet.

Zum Autor
Robert Stone, geb. 1937, zählt zu den größten Schriftstellern der amerikanischen Gegenwartsliteratur. Er ist Autor zahlreicher Romane, für die er unter anderem mit dem Faulkner-Preis und dem National Book Award ausgezeichnet wurde.

Didaktische Grundgedanken
Der Roman handelt vom *Glauben* und seinen krankhaften Übersteigerungen. Was ist der Unterschied zwischen *Fanatismus, Fundamentalismus und religiösem Wahn*? Durch welche Handlungen der Protagonisten wird das deutlich?

Sowohl Adam de Kuff als auch Raziel Melker, religiös sehr gebildet und vor allem in der Kabbala bewandert, waren bei Dr. Ober-

mann in Behandlung. Diese Behandlung scheint aber nicht erfolgreich gewesen zu sein, denn Raziel ist derjenige, der de Kuff als
vermeintlichen Messias entdeckt.

Glaube und seine Bedeutung für die *Identitätsfindung* im positi-
ven Sinn können anhand der Lektüre aber ebenfalls zum Thema werden, z. B. die Bedeutung des Glaubens für Friedenskämpfer. Fächer-
verbindend könnte man sich mit dem sicherlich auch psychologisch
interessanten Phänomen des »*Jerusalem-Syndroms*« beschäftigen.
Ziel der Lektüre sollte neben einer Differenzierung im Umgang mit
dem Phänomen *Glaube und Wahn* ein Verständnis davon sein, dass
es unterschiedliche Wahrheiten gibt, die nebeneinander bestehen
können, ohne dass dies mit Beliebigkeit zu verwechseln wäre: Entwicklung von *Wertevielfalt* als Strategie gegen Fanatismus.

Weiterführende Literatur
Jochen Ellerbrock und Anne H. Klie: Glaube – Fanatismus – religiöser Wahn. »Das Jerusalem-Syndrom«. Ein Roman von Robert
Stone. Beide Sekundarstufen. In: Religion heute 60 (2004), 230–
247

Allan Stratton:
Worüber keiner spricht.
Deutscher Taschenbuch Verlag: München
2005/2010
Seitenzahl: 272
Preis: 7,95 €

Ab Klasse 8/Fokus: Dritte Welt, Aids,
Theodizee-Frage

Inhalt
Krankheit und Tod sind allgegenwärtig in Chandas Umgebung,
irgendwo in Afrika. Chanda ist sechzehn, als ihre anderthalbjährige
Schwester Sara stirbt. Damit beginnt der Roman von Allan Stratton.
Doch keiner wagt, über die Ursache der vielen Todesfälle offen zu
sprechen: Aids ist ein Tabuthema.

In einer Rückblende wird die Vorgeschichte erzählt: Chanda kam im Alter von 6 Jahren mit ihrer Familie, d. h. mit ihrer Mutter und den älteren Geschwistern, vom Land, wo sie in Lehmhütten lebten, in die Diamanten-Stadt Bonang im südlichen Afrika. Nur Chandas Schwester blieb in Tiro, um dort zu heiraten. Einige Jahre später starben die drei Brüder und der Vater bei einer Explosion im Bergwerk. Damit verlor die Familie nicht nur den Verdienst, sondern auch Wohnung und soziale Absicherung. Die Mutter, Lilian Kabelo, zog kurze Zeit später mit Isaac Pheto, einem ehemaligen Arbeitskollegen ihres Mannes, zusammen. Ein Jahr später wurde Iris geboren. Doch als der Stiefvater Chanda sexuell missbrauchte, floh die Familie zu ihren Freunden, Mr. und Mrs. Tafa, die ihnen eine Wohnung zur Verfügung stellten. Nach kurzer Zeit lernte die Mutter Mr. Dube, einen Friseur, kennen. Aus dieser Verbindung ging der Junge Solomon, genannt Soly, hervor. Unerwartet starb Mr. Dube aber bald an einem Schlaganfall. Die Mutter erbte aus dieser Ehe das Haus und den Garten, sodass sie sich leidlich selbst versorgen konnte. Chanda bekam dann bald wieder einen Stiefvater: Jonah, der als Betongießer arbeitet und alkoholabhängig ist. Nach mehreren Fehlgeburten wurde Sara geboren. Die Familie lebt zu Beginn des Romans also mit vier Kindern von vier unterschiedlichen Männern als typische südafrikanische Patchworkfamilie.

Nachdem Sara, erst eineinhalb Jahre alt, gestorben ist, wird eine aufwendige Beerdigung organisiert, wobei Chandas kleinere Geschwister, Soly und Iris, nach dem Wunsch der Mutter nichts davon wissen sollen. Obwohl Saras Krankheitsbild typische Anzeichen von Aids aufgewiesen hat, spricht niemand darüber. Auch Chanda verdrängt die bittere Wahrheit. Als kurz darauf auch ihre Mutter zu kränkeln beginnt, schreibt sie dies zunächst wie alle in der Nachbarschaft der übergroßen Trauer zu. Die Mutter entscheidet im Bewusstsein der Tatsache, dass sie Aids hat, ihre Kinder zu verlassen und bei ihrer Verwandtschaft auf dem Land unterzutauchen, um die Familie vor der Schande Aids zu bewahren. Bevor die Mutter allerdings aufbricht, wird von der Nachbarin noch eine Geistheilerin ins Haus geholt, die erst abstruse Zaubereien durchführt, um dann zu diagnostizieren, dass die Mutter gestohlene private Gegenstände aus ihrer Heimat zurückholen müsse, die die teuflische Verzaube-

rung und damit die Krankheitssymptome bewirkten. Das gibt den
Anlass beziehungsweise den Vorwand für die endgültige Abreise
der Mutter.

Eine wichtige Rolle spielt neben der Familie Chandas beste Freundin Esther, deren Eltern beide an Aids gestorben sind. Sie wird deshalb von ihrem sozialen Umfeld gemieden und ausgegrenzt. Um das
nötige Geld zusammenzubekommen, damit sie wieder gemeinsam
mit ihren unter der Verwandtschaft aufgeteilten Geschwistern leben
kann, arbeitet sie als Prostituierte, wird dort brutal vergewaltigt und
misshandelt und infiziert sich ebenfalls mit Aids. Dass sie Chanda
mehrfach belügt, belastet die Beziehung der Freundinnen zeitweise.
Während sich aber ihr ganzes Umfeld mehr und mehr von Esther
abwendet, hält Chanda fest zu ihrer besten Freundin.

Als Chanda nach einigen Wochen klar wird, dass ihre Mutter
entschieden hat, allein und fern von der Familie bei der verfeindeten
Familie ihres Mannes zu sterben, um ihre Kinder vor Stigmatisierung
und Ausgrenzung zu bewahren, holt sie diese für ihre letzten Tage
zurück nach Bonang und bricht das Tabu, indem sie offen über die
Aids-Erkrankung der Mutter spricht. Mit dem Tod der Mutter endet
das Buch. Ein Epilog gibt der Geschichte jedoch ein hoffnungsvolles Ende: Chanda geht mit ihren Geschwistern zu einem Aids-Test,
der negativ ausfällt, und sie nimmt sich vor, weiter aktiv gegen die
Vorurteile, das Schweigen und die Stigmatisierung zu kämpfen. Sie
träumt sogar von der Eröffnung eines eigenen Aids-Zentrums im
Gedenken an ihre Mutter: das »Lilian-Kabelo-Freundschafts-Projekt«.

Zum Autor

Allan Stratton wurde 1951 in Kanada geboren. Er arbeitete als Schauspieler und schrieb selbst erfolgreich Theaterstücke. Der Roman ist
sein drittes Buch. Seit Erscheinen erhielt das Buch mehrere Preise,
u. a. die Nominierung zum Willow Award 2005 und den Children's
Africana Book Award – Best Book for Older Readers 2005. Im Jahr
2006 wurde es in die Empfehlungsliste zum Katholischen Kinder-
und Jugendbuchpreis aufgenommen.

Didaktische Grundgedanken

Neben den Themen *Freundschaft, Helfen/ Familienzusammenhalt, Armut* und *Leben in der Einen Welt, Tabuthemen* und vielem mehr bietet das Buch spezifisch theologische Gesprächsangebote:

- *Sünde* und deren Wirkung: Aids als Strafe Gottes
- »Warum lässt Gott das alles zu?« fragt Chanda und hadert mit einem solchen Gottesbild
- *Schuld* (S. 79 Chanda: Ist Saras Tod meine Schuld?)
- *Trauern und Trösten*
- *Tod/unterschiedliche Beerdigungsrituale*
- überzeugtes und überzeugendes Christentum
- Unterschiede zwischen afrikanischen *Heilern, Ärzten und Pfarrern*

Das Thema *Aids* bietet sich zum *fächerübergreifenden Arbeiten* an. Neben Deutsch und Religion können dabei die Fächer Biologie (Krankheitsbild, Behandlungsmöglichkeiten), Erdkunde (Verbreitung), Politik (globaler Umgang mit Aids, G-8-Konferenz, Patente auf Medikamente, Spenden, Arbeit der Hilfsorganisationen etc.) einbezogen werden.

Weiterführende Literatur

Mirjam Zimmermann: Allan Stratton, Worüber keiner spricht. Eine Unterrichtsreihe zum Jugendbuch. RAAbits 60/11, Stuttgart 2007

Charlotte Kerner:
Blueprint. Blaupause.
Beltz Verlag: Weinheim 2004/2011
Seitenzahl: 208
Preis: 6,95 €

Ab Klasse 10/Fokus: Klonen

Inhalt

Die bekannte Komponistin und Pianistin Iris Sellin ist unheilbar an Multipler Sklerose erkrankt. Als sie von ihrer Krankheit erfährt, wird ihr plötzlich deutlich, wie einsam sie als kinderlose Frau eigentlich ist und wie schnell ihr Talent dem Verfall preisgegeben sein wird. Um sich und ihrer Begabung einen Neuanfang zu ermöglichen, lässt sie sich klonen: Iris und ihre Tochter Siri werden Mutter, Kind und eineiige Zwillinge zugleich. Siri lebt als Blueprint ihrer Mutter mit genauen Vorstellungen, wie und als was sie sich zu entwickeln hat.

Wenn Siri in den Spiegel sieht, schaut ihr ihre Mutter entgegen. Auch Iris ist in Gestalt von Siri permanent mit sich selbst konfrontiert, freilich ohne die Spuren des Alters und der Krankheit. Aus der anfänglich beinahe symbiotischen Harmonie stürzt Siri in immer tiefere Krisen, denn es gelingt ihr nicht, sich von der Mutter abzunabeln. Erst als die Mutter stirbt, kann sie ihre »psychische Geburt« vollziehen, sich schreibend und malend als Klon eine eigene Geschichte und Individualität erarbeiten.

Was bedeutet ein solches Leben für das Original und die Kopie? Wer ist Ich und wer Du, wer frei und wer Sklave des Anderen? »Blueprint« erzählt Siris Geschichte von ihrer Geburt bis zum Tod der Mutter, da ist Siri erst 22 Jahre alt. Schreibend wird sie sich jetzt ihrer Besonderheit, ihres Klon-Seins bewusst und ihre Gespräche und Gedanken, ihre Erinnerungen und Träume fügen sich für sie und den Leser zu einem neuen Bild ihrer selbst zusammen. Das Buch beginnt als schonungslose Abrechnung, als ein pubertär emanzipatorischer Befreiungsakt, in den der Leser Stück für Stück mit hineingenommen wird und Siris Position im Rückblick verstehen lernt.

In der gewählten Retrospektive werden sachlich distanzierte Darstellungselemente, wie z. B. das Thema Reproduktionsmedizin, mit der emotionalen Selbstdarstellung der Hauptperson Siri, ihren Widersprüchen, Problemen und Besonderheiten vermischt. Erst nach dem Tod von Iris kann sich Siri von diesem Doppelwesen (Du/Ich – Siri/Iris) lösen und sich selbst finden. Diesen Prozess, den sie schreibend bewältigt, verfolgt der Leser unmittelbar. Allerdings ist auch Siri allein unfähig, eine feste Beziehung einzugehen. Sie ist als Künstlerin erfolgreich, möchte aber definitiv auf eigene Kinder verzichten.

»Blueprint« ist als der erste (fiktive) Klon-Bericht geschrieben, den eine Betroffene selbst verfasst hat.

Der Roman besteht aus drei Teilen:
- dem Bericht Siris (S. 9–173)
- einem fiktiven Sachtext (S. 174–177), verfasst vom »Vorsitzenden einer Kommission für Fortpflanzungsfortschritt«,
- und einem Nachwort der Autorin (S. 178–186). Hier geht diese kurz auf die realen Möglichkeiten der Fortpflanzungsmedizin ein und weist – unüblich für einen Roman – auf verwendete Quellen hin.

Zur Autorin

Charlotte Kerner wurde 1950 in Speyer geboren. Seit 1979 lebt sie als freie Schriftstellerin und Journalistin in Lübeck. Sie schreibt unter anderem für *GEO, Emma* und *Die Zeit.* Ihr besonderes Interesse gilt der Medizin, vor allem der Fortpflanzungsmedizin. Weitere Bücher: *Madame Curie und ihre Schwestern. Frauen, die den Nobelpreis bekamen (1990); Geboren 1999 (1999); Alle Schönheit des Himmels. Die Lebensgeschichte der Hildegard von Bingen (2000).*

Didaktische Grundgedanken

»Ein Buch zum Streiten« nennt die Autorin ihr Werk und weist damit in die Richtung, wie mit dem Buch umgegangen werden könnte. Von der Autorin als interdisziplinäres Werk angelegt (Medizin, Philosophie, Literatur, Naturwissenschaft, Kunst u.a), bietet es vielfältige Bezugspunkte für den Unterricht, sodass es hervorragend Grundlage eines fächerverbindenden Projektes sein kann. Dabei kann von verschiedenen Fächern jeweils ein Beitrag zum Projekt geleistet werden:
- Biologie: Erbkrankheiten, Reproduktionsmedizin, Gen-Biotechnologie
- Religion/Ethik: Philosophisch-theologisch-ethische Fragen, Ethikmodelle, Menschenbild(er)
- Pädagogik/ Psychologie: Entwicklungspsychologie, Zwillingsforschung
- Musik/ Kunst: Moderne Kompositionstechniken, vgl. Verweis auf Violetta Dinescu als »Vorbild« für die Kompositionen.

»Gott« oder »Glauben« werden nicht direkt thematisiert, aber Kapitelüberschriften wie »Doppelgöttin« und Aussprüche in der Verfilmung »Blueprint – Blaupause« (2004)[11] über den Raum, in dem der Flügel steht (»Dieser Raum ist ein Tabernakel, und das hier ist die Monstranz, Anfassen Todsünde«), zeigen mögliche Anknüpfungspunkte über den ethisch-religiösen Zugang hinaus.

Weiterführende Literatur

Brigitte Wiesen und Herbert Wiesen: Charlotte Kerner, Blueprint. Blaupause. Lehrerheft und Schülerheft. Rot a. d. Rot 2003

Mirjam Zimmermann: Charlotte Kerner, Blueprint. Blaupause. Eine Unterrichtsreihe. Deutsch betrifft uns 3 (2002), 1–32

www.blueprint-blaupause.de Webseite des Beltz-Verlages zur aktualisierten Neuausgabe des Romans mit einem Essay zum Film, Informationen zum Buch, einem Interview mit Charlotte Kerner und Informationen zur Klon-Debatte. (letzter Zugriff 3.4.2012)

Berlie Doherty:
Dear Nobody. Engl. Orig. 1991.
Dt. Erstausgabe: Deutscher Taschenbuch Verlag: München 1997/2008
Seitenzahl: 240
Preis: 8,95 €

Ab Klasse 8/Fokus: Teenagerschwangerschaft, ungeborenes Leben, Schwangerschaftsabbruch

Inhalt

Als Helen und ihr Freund Chris im März nach kurzer Beziehung entdecken, dass Helen schwanger ist, stehen beide kurz vor dem Schulabschluss. Vor allem Chris fühlt sich der kommenden Aufgabe nicht gewachsen, und beide haben Angst vor der ungewissen Zukunft. Helen wünscht sich zu Beginn auf kindliche Art, dass das ungeborene Kind einfach verschwinden möge: »Geh weg. Bitte, bitte,

---

11 http://www.blueprint-blaupause.de/html/derfilm.htm

geh weg« (S. 53), dann versucht sie das Kind durch einen Gewalt-
ritt loszuwerden. Als sie sich ihrer Mutter offenbart, macht diese
einen Termin zur Abtreibung aus. Helen flieht aber aus der Abtrei-
bungsklinik. Zunehmende Autonomie und wachsende Zuneigung
zu dem Kind ermöglichen ihr trotz Chris' Unverständnis ein Ja zu
dem Ungeborenen, während es, wie Chris später zugibt, für ihn ein
»Nobody« bleibt. Beide Familien sind in dieser schwierigen Situation
keine wirkliche Hilfe. Chris' Mutter hat die Familie verlassen, Helens
Mutter besteht auf einem »normalen Lebenslauf« ihrer Tochter.

Die Geschichte der Beziehung erfährt der Leser zuerst aus der
Perspektive von Chris. Dieser liest im Oktober eine Reihe von Briefen, die Helen an das ungeborene Kind gerichtet hat. Darin dokumen-
tiert sich Helens Entwicklung von anfänglicher Ablehnung hin zu
der bewussten Entscheidung für das werdende Leben. Konfrontiert
mit den Briefen, stellt auch er sich der Auseinandersetzung mit seiner Vergangenheit und kehrt zu Mutter und Kind zurück. Bei Chris'
Lektüre der Briefe wird deutlich, dass Helen im Gegensatz zu Chris
eines ganz genau weiß: Sie will dieses Kind allen Schwierigkeiten
zum Trotz zur Welt bringen. Aber auch sie hat Zeit gebraucht, um
zu verstehen, was das letztendlich bedeutet.

Zur Autorin
Berlie Doherty, geboren 1943, ist eine britische Kinder- und Jugend-
buchautorin. Sie arbeitete als Sozialarbeiterin, Lehrerin und für das
Radio, bevor sie im Jahr 1983 Schriftstellerin wurde.

Didaktische Grundgedanken
Trotz des einfach strukturierten Plots bietet die Aufarbeitung der
Handlung viele didaktische Möglichkeiten:
- *geschlechtsspezifische Handlungsmuster,* tradiertes Rollenverhalten
- Gründe (z. B. Bedeutung der Beziehung) für die Entscheidung
  für das Ungeborene
- was ist Liebe?
- Selbstverwirklichung und Verantwortung
- uneheliche Kinder in der Gesellschaft
- Umgang mit Sexualität
- Schwangerschaft (biologisch, sozial)

- *Schwangerschaftsabbruch* (Methoden, Folgen)
- die Frage nach dem Lebensbeginn und nach dem christlichen Menschenbild
- Umgang mit Schuld.

Weiterführende Literatur

Wolfgang Heinß: Doherty, Dear Nobody. Unterrichtsmodell 9.–11. Schuljahr; http://www.dtv.de/_pdf/lehrermodell/78096.pdf (letzter Zugriff 3.4.2012)

Birgit Rabisch:
Duplik Jonas 7.
Georg Bitter Verlag: Recklinghausen 1992.
Deutscher Taschenbuch Verlag: München 1996/2011
Seitenzahl: 192
Preis: 6,95 €

Ab Klasse 8/Fokus: Utopia, Verzweckung des Menschen

Inhalt

In einer zukünftigen Welt, so wird im Roman beschrieben, halten sich reiche Menschen Doppelgänger, sogenannte Dupliks, um bei Unfällen oder Krankheiten auf passende Organe zurückgreifen zu können. Diese werden in geheimen Gefängnissen/Horten gehalten. Der Duplik Jonas lebt zusammen mit seinen Freunden in einer solchen »Wohngemeinschaft«, die sie nie verlassen dürfen. Sie werden von Frauen betreut, und ihr Lebensinhalt besteht zum größten Teil aus Gesundheitstraining, weil es eben ihr einziger Zweck ist, Menschen außerhalb des Hortes als lebende Organbank zur Verfügung zu stehen. So leben sie in ständiger Angst vor der »Krankheit« *Der Fraß*, was bedeutet, dass ihnen Organe oder Körperteile entfernt und verunglückten bzw. kranken Menschen eingepflanzt werden, allerdings nur solchen, die sich die »Haltung« eines Klons von Geburt an geleistet haben. Als der »richtige« Junge Jonas, der außerhalb des Lagers lebt, einen Autounfall hat, bei dem er beide Augen verliert, werden ihm die

Augen seines Dupliks eingepflanzt, den Jonas' Vater für ihn »angelegt«
hat. In der Klinik erfährt er manches Unbekannte über seinen Vater,
z. B. dass dieser die Mutter wegen deren Depressionen angehalten
hat, sich selbst durch einen sogenannten Todesautomaten zu töten.

Jonas' kritische Schwester Ilka recherchiert nun weiter über die
Situation von Dupliks, und sie beschließen, Jonas' Duplik zu befreien.
Nach der schwierigen und gefährlichen Aktion bekommt schluss-
endlich jeder der beiden ein Auge. Ilka und der Duplik Jonas, den er
jetzt seinen Bruder nennt, zeigen sich gemeinsam in einer kritischen
Fernsehsendung, um die Situation der im Verborgenen gehaltenen
Dupliks öffentlich zu machen.

Zur Autorin
Birgit Rabisch wurde 1953 in Hamburg geboren, studierte Soziologie
und Germanistik und hat verschiedene Bücher für Jugendliche und
Erwachsene verfasst. »Duplik Jonas 7« erhielt den Umwelt-Litera-
turpreis NRW 1994.

Didaktische Grundgedanken
Die Frage nach den Möglichkeiten und Grenzen der *Verzweckung
des Menschen* steht im Mittelpunkt des utopischen Romans. Zur
Sprache kommen darüber hinaus aber auch die *Bedeutung des Jour-
nalismus* zur Aufdeckung von Unrecht, die besonderen *Fähigkeiten
behinderter Menschen* (Jonas' Freund Mehmed) und die *Bedeutung
von Beziehungen* für die Menschwerdung. Eingebettet ist alles in eine
spannende Handlung um die Befreiung von Jonas' Duplik.

Weiterführende Literatur
Zu »Duplik Jonas 7« ist ein Unterrichtsmodell erschienen in: »Lesen
   in der Schule mit dtv pocket« Bd. 8112, 1999
»Die Insel« (»The Island«), USA, 2005, Regie: Michael Bay, Drehbuch:
   Caspian Tredwell-Owen und Alex Kurtzman, Darsteller (u. a.)
   Ewan McGregor und Scarlett Johansson, Dauer: 136 Minuten[12]

---

12 In dem Film »Die Insel« geht es ebenfalls um Klone, die als Ersatzteillager
    für ihre Originale in einer anderen Welt leben. Als die zwei Protagonisten
    dies erkennen, fliehen sie und kämpfen für die Freiheit der Klone.

Marie-Aude Murail:
Simpel. Frz. Orig. 2004.
Fischer Verlag: Frankfurt/M. 2007/2012
Seitenzahl: 304
Preis: 7,95 €

Ab Klasse 8/Fokus: (geistige) Behinderung

Inhalt

Simpel ist ein 22-jähriger Mann, doch mental ist er auf der Stufe eines dreijährigen Kindes und entsprechend verhält er sich auch: Er spielt mit Playmobil, spricht mit seinem Stofftier Monsieur Hasehase und ungeachtet der Situation sagt er, was er denkt.

Colbert, Simpels siebzehnjähriger Bruder, kümmert sich meist liebevoll um ihn, doch das ist nicht immer einfach, denn schon der Kontakt mit anderen Personen führt häufig zu Problemen.

Simpel ist eigentlich ein bemitleidenswerter Mann, der von seinem Vater in eine Einrichtung gesteckt wurde, vor der er offensichtlich furchtbare Angst hat. Deshalb weigert sich Colbert nach einem längeren Besuch, seinen Bruder wieder in die Einrichtung zurückzuschicken, in der er so leidet. Er will sich um ihn kümmern, auch wenn er erst siebzehn ist.

Bei Colbert in einer WG mit vier Studenten fühlt Simpel sich wohl und findet auch seine Rolle im Umgang mit den vier unterschiedlichen Charakteren. Jeder der vier Studenten hat seine eigenen Probleme, die sie teilweise gar nicht realisieren. Erst durch Simpel setzen sie sich damit auseinander und finden Lösungen: Corentin raucht zu viel, bewegt sich zu wenig und findet einfach keine Freundin. Enzo, sein bester Freund, ist in Corentins Schwester Aria verliebt. Außerdem schreibt er an einem Roman, in dem Aria unwissentlich eine Hauptrolle übernimmt. Aria aber ist mit Emmanuel zusammen, der mit einem Mal von ihr verlangt, ihn zu heiraten.

Und dann ist da natürlich noch Simpels Bruder Colbert, der sich nicht zwischen zwei Mädchen aus seiner Klasse entscheiden kann.

Für Simpel aber ist schon von der ersten Begegnung mit den zweien an klar, dass Béatrice rücksichtslos ist, Zahra aber diejenige, die bereit ist, sich auch auf den geistig behinderten Bruder einzulassen.

Zur Autorin

Marie-Aude Murail, geb. 1954, stammt aus einer Schriftstellerfamilie aus Le Havre, Frankreich. Sie studierte Philosophie an der Sorbonne. Mit ihren Geschichten spricht sie Kinder wie Erwachsene an – deshalb zählt sie zu den beliebtesten zeitgenössischen Kinder- und Jugendbuchautorinnen Frankreichs.

Didaktische Grundgedanken

Das Buch erhielt 2008 den Deutschen Jugendliteraturpreis, 2006 den »Prix des lycéens allemands«. Die Jury urteilte: »Das Buch versteht es auf unglaubliche Weise, ein in der Gesellschaft vernachlässigtes Thema auf humorvolle und zugleich ernstzunehmende Weise darzustellen.« Der Umgang mit Menschen mit einer Behinderung ist für Schüler nicht unbedingt einfach, geistige Behinderungen stellen hier noch höhere Anforderungen an das Empathievermögen. Deshalb ist der Einsatz (von Teilen) des Buches zu empfehlen, denn hier wird mit viel Humor und Liebe über einen geistig behinderten jungen Mann erzählt und eine literarische Nähe und Vertrautheit geschaffen, die auch die Stärken des jungen Mannes glaubwürdig transportieren kann.

Darüber hinaus werden aber auch die alltäglichen Schwierigkeiten benannt: die teilweise *brutale Ablehnung eines Behinderten durch seine Umwelt, die Heimsituation und die alltäglichen Probleme des Zusammenlebens von Behinderten und Nichtbehinderten* können didaktisch fruchtbar gemacht werden. Simpel wird in all seiner Naivität jungen Menschen gefallen, er wird sie auch zum Lachen bringen. Die Egoismen und Irrungen seiner Mitbewohner und Freunde spiegeln außerdem diejenigen Probleme »normaler« junger Menschen. Im Hintergrund geht es ja um sehr ernsthafte Fragen: Wie soll man mit Menschen, die ›anders‹, behindert, schwächer sind, umgehen? Wo liegen Verpflichtungen, aber auch *Grenzen der Verantwortlichkeit*? Wie können solche Schicksale gemeistert werden?

Marlene Röder:
Zebraland.
Ravensburger Buchverlag: Ravensburg
2009/2011
Seitenzahl: 220
Preis: 7,95 €

Ab Klasse 8/Fokus: Schuld, Freundschaft,
Liebe, Anderssein, Verantwortung,
Gruppendruck, Tod

Inhalt

Anouk, Judith und Philipp sind zwar auf der gleichen Schule wie
Ziggy, der eigentlich Fridolin heißt, doch sie kennen ihn nur vom
Sehen. Anouk und Philipp sind ein Paar und werden darum von
Judith beneidet, die schon seit vielen Jahren Philipps beste Freundin,
aber heimlich in ihn verliebt ist. Der Leser erlebt das Geschehen in 45
Kapiteln abwechselnd aus der Perspektive von Ziggy und von Judith,
deren Darstellungen sich inhaltlich aber an einer fortlaufenden Hand-
lung orientieren. Den Kapiteln von Ziggy sind immer noch kurze
Dialoge mit dessen Cousin Elmar vorgeschaltet, die meist um die
Themen Musik bzw. Bob Marley kreisen. Weil Ziggy den innerlichen
Druck einer verheimlichten Tat nicht mehr aushält, berichtet er seinem Cousin – das ist der Aufhänger für das Buch –, was vorgefallen ist.

Unerwartet werden die vier durch einen schlimmen Unfall miteinander verbunden: Ziggy und sein Cousin haben bei einem Musik-
festival ihren ersten Auftritt mit Bongo und Gitarre und wollen Songs
ihres großen Reggae-Vorbilds nachspielen. Weil Elmar sich betrinkt
und der Auftritt deshalb nicht stattfinden kann, möchte Ziggy noch
am Abend heimfahren. Zusammen mit Anouk, Philipp und Judith
macht er sich bei Dunkelheit im alten Mercedes von Philipps Großvater auf den Weg nach Hause. In einer Kurve übersehen sie ihre
Mitschülerin Yasmin auf ihrem Mofa. Es kommt zu einem Unfall,
das Mädchen wird ins Gebüsch geschleudert. Als Judith und Ziggy
bei Yasmin keinen Puls mehr spüren und annehmen, dass sie tot ist,
begehen sie in einer Kurzschlussreaktion, die vor allem von Philipp
vorangetrieben wird, Fahrerflucht.

Am nächsten Tag erfahren sie, dass das Mädchen zu diesem Zeitpunkt noch gelebt haben muss und erst durch ihre unterlassene Hilfeleistung Stunden später auf dem Weg ins Krankenhaus gestorben ist. Eine Fahndung wird eingeleitet. Diese Situation verändert das Leben der Jugendlichen grundlegend.

Yasmin, das Opfer des tragischen Unfalls, hatte an ihrer Schule den Spitznamen »Zebra«, weil sie als Türkin ein gestreiftes Kopftuch trug. Doch dies war nicht der einzige Grund für den Spitznamen, wie sich aus ihrem Tagebuch ergibt. Im Eifer des Aufbruchs nach dem Unfall hatte Ziggy diese Aufzeichnungen in Zebras Tasche gefunden und mitgenommen. Sie eröffnen ihm und dem Leser die Welt des türkischstämmigen Mädchens. Yasmin selbst hatte sich mit einem ›Zebra‹ verglichen: So, wie man bei diesem nicht weiß, ob es ein schwarzes Tier mit weißen Streifen oder ein weißes Tier mit schwarzen Streifen ist, empfand sie auch ihre Existenz, denn weder als Deutsche noch als Türkin fühlte sie sich wirklich zugehörig. Ergänzt werden diese Informationen durch die Ergebnisse einer Recherche für einen Beitrag über Yasmin, der in der Absicht in der Schülerzeitung erscheinen soll, die Täter zu finden. Diesen soll ausgerechnet Philipp als Chefredakteur organisieren und verantworten.

Die vier Jugendlichen bilden im Verlauf des Buches eine Art Zweckgemeinschaft, denn sie leben in der ständigen Angst, entdeckt zu werden, und versuchen zudem gemeinsam, den schrecklichen Unfall zu verarbeiten. Doch dabei stehen sie natürlich unter enormem Druck, und jeder der Charaktere versucht, auf andere Art und Weise mit dem Geschehen klarzukommen.

Der Druck steigt ins Unermessliche, als sich »Mose«, ein Unbekannter, meldet, der irgendwie von dem Unfall und dessen Hergang erfahren hat und nun versucht, die vier Jugendlichen zu erpressen. Sein Ziel ist es dabei vor allem, den Jugendlichen vor Augen zu führen, dass sie Täter eines schrecklichen Verbrechens sind und dafür nun zu büßen haben. Dazu werden Motive aus dem Alten Testament verwendet, indem Anouk sich z. B. ein Kainsmal tätowieren lassen muss, die vier sich nackt mit dem Nummernschild des Unfallwagens als Lendenschurz fotografieren sollen oder Philipp seine Schuld öffentlich bekennen sowie auf seinen Chefredakteursposten verzichten soll.

Am Ende stellt sich dann heraus, dass Judith selbst »Mose«, der Erpresser war.

Zur Autorin

Marlene Röder, 1983 in Mainz geboren, absolvierte eine Ausbildung als Glasmalerin und studierte Lehramt für Förderschulen in Gießen. »Zebraland« ist ihr zweiter Jugendroman. Ihr erstes Buch, »Im Fluss«, wurde 2006 mit dem Hans im Glück-Preis der Stadt Limburg ausgezeichnet. Für »Zebraland« erhielt sie den Evangelischen Buchpreis 2010.

Didaktische Grundgedanken

Marlene Röder entwirft mit ihrem Jugendroman »Zebraland« ein abschreckendes Szenario. Wie gern würden Judith, Philipp, Ziggy und Anouk diesen Abend im August aus ihrem Leben streichen, den Abend, als sie Yasmin töteten – ein tragisches Unglück ohne Zeugen. Ein Schweigegelübde wird für die drei Freunde zur moralischen Zerreißprobe.

Was passiert, wenn Jugendliche schicksalhaft in eine scheinbar ausweglose Situation geraten, in der es gilt, für *eigene Fehler und Schwächen einzustehen*? Es geht hier nicht nur um die Vertuschung eines Mordes. Röder möchte auch auf den enormen Druck aufmerksam machen, dem junge Erwachsene heute ausgeliefert sind: Das *Spiel um Macht und Anerkennung* durch Intelligenz, Schönheit, Besitz, Originalität, Leistung etc. kennt oftmals keine Grenzen und hat erschreckende Folgen für den Einzelnen. »Zebraland« steht somit als Exempel für die heutige Jugendkultur, in der Schwäche keinen Platz hat.

Anhand des Buches kann man aber auch folgende Aspekte bearbeiten:

- Schuld, Verantwortung, Befreiung
- Lügen und deren Folgen
- Freundschaft
- Identitätssuche
- die Situation von Migranten und Migrantinnen
- die Bedeutung von Musik (Bob Marley)
- Biblische Motive: Mose, Kain und Abel, Schöpfungsgeschichte/ Vertreibung aus dem Paradies

Weiterführende Literatur
Birgitta Reddig-Korn: Marlene Röder, Zebraland. Materialien zur
Unterrichtspraxis. Ravensburg 2010

Janne Teller:
Nichts. Was im Leben wichtig ist.
Dän. Orig. 2000.
Carl Hanser Verlag: München 2010
Seitenzahl: 140
Preis: 12,90 €

Ab Klasse 9/Fokus: Sinn des Lebens,
Kunst, Außenseiter

Inhalt

Pierre Anthon sitzt als Schulverweigerer auf einem Baum und stellt
seine Mitschüler in Frage, nachdem er eines Tages mit dem Satz
»Nichts bedeutet irgendwas, deshalb lohnt es sich nicht, irgendetwas
zu tun« den Unterricht verlassen hat. Um ihren Mitschüler zu überzeugen, dass seine nihilistischen Aussagen nicht stimmen, beginnt
eine siebte Klasse ein seltsames Projekt. In einem alten Sägewerk
wollen sie alles sammeln, was ›Bedeutung‹ hat. Doch außer alten
Fotos, einer kopflosen Puppe und einem Gesangbuch kommt nichts
zusammen.

Deshalb häufen die Schüler einen »Berg aus Bedeutung« an, für
den jeder einzelne persönliche Opfer bringen muss: Ole die ihm
heiligen Boxhandschuhe, Hans sein neues Rennrad, der muslimi-
sche Junge Hussein seinen Gebetsteppich, Marie-Ursula ihre langen
Zöpfe und Gerda ihren Hamster. Aus Rache an den Personen, die
für ihr Unglück verantwortlich sind, eskalieren die Forderungen
immer weiter: Ein Mädchen muss ihre »Unschuld« opfern, der Sarg
des kleinen Emile wird ausgegraben, ein Hund wird getötet und das
Kruzifix aus der Kirche geschändet. Als einem hoffnungsvollen Gitar-
risten der Zeigefinger abgehackt wird, schreiten die Eltern ein. Dennoch können die Erziehungsberechtigten nicht verhindern, dass als
Höhepunkt der Exzesse Pierre Anthon von der Gruppe getötet wird.

Die Taten der Schüler finden in Taering statt, einem fiktiven Ort in Dänemark. Dazu erklärt die Autorin: »Taering ist natürlich reine Erfindung. Ich stelle es mir vor als den Außenposten einer kleinen Provinzstadt in Westjütland. Ich sage Außenposten und nicht Vorort, weil ich an den Übergang zwischen Stadt und Land denke. Es gibt keinen Ortskern, keinen Dorfplatz. Der Außenposten hat kein Herz. Außerdem bedeutet Taering auf Deutsch ›rosten, korrodieren‹. Der Ort zehrt seine Einwohner langsam auf, lässt sie vergehen, eben weil er keine Seele hat. Aber natürlich könnte die Geschichte fast überall passieren.«[13]

Zur Autorin

Janne Teller wurde 1964 in Kopenhagen geboren. Sie studierte Jura und arbeitete als ökonomisch-politische Ratgeberin bei der EU und der UN. Seit 1995 ist sie hauptberufliche Schriftstellerin. Nachdem der Roman kurz nach seinem Erscheinen im Jahr 2000 an einigen dänischen Schulen verboten wurde, erhielt »Nichts. Was im Leben wichtig ist« 2001 den Kinderbuchpreis des dänischen Kultusministeriums und 2008 den Prix Libbylit für den besten Kinder- und Jugendroman der französischsprachigen Welt. Es wurde bisher in 13 Sprachen übersetzt und wird häufig auch als Theaterstück aufgeführt.

Didaktische Grundgedanken

Seit das Buch im dänischen Original erschienen ist, hat es in Skandinavien heftige Kontroversen ausgelöst. Einerseits wurde von Behörden versucht, das Buch aus dem Schulunterricht herauszuhalten, andererseits bekam es den Literaturpreis des dänischen Kultusministeriums.

Immer noch darf es in einigen norwegischen Provinzen nicht in der Schule gelesen werden, weil es jungen Lesern zu viel zumute und ihnen jegliche Hoffnung raube. Aber junge Leser stellen sich solche zentralen Fragen sowieso, und die Erzählung bietet eine gute Grundlage, sich mit der *Frage nach dem Sinn des Lebens,* nach Dingen, die *persönliche Bedeutung* haben und danach, was man für seine *Zukunft* erwartet, auseinanderzusetzen. Es sind eher die Erwachsenen, die

---

13 http://www.zeit.de/kultur/literatur/2010–08/janne-teller

Angst bekommen, wenn man sie mit diesen Fragen konfrontiert, und damit ist auch bei der Elternschaft zu rechnen, wenn man dieses Buch im Religionsunterricht behandelt.

Die Frage Pierre Anthons »Hat das Leben überhaupt einen Sinn?« muss im Unterricht in die Frage umgeformt werden, welchen Sinn es haben kann. Janne Teller erklärt zu Pierre Anthon, dem Nihilisten: »Er ist ein ganz gewöhnlicher, handelsüblicher Existenzialist. Bemerkenswert natürlich, dass er in einem so reichen, friedlichen Land wie Dänemark aufwächst. Wenn Menschen hungern, ist die Frage nach dem Sinn des Lebens eher zweitrangig. Erst wenn die Grundbedürfnisse befriedigt sind, fangen wir an, nach der Zukunft zu fragen – oder danach, ob das Leben nicht mehr sein muss als das, was man sieht. Das ist ein interessantes Paradox, nicht wahr? Warum sollten Menschen so hart ums Überleben kämpfen, wenn das Leben gar keine Bedeutung hätte?«[14]

Irreal ist, dass keiner der Erwachsenen sich um Pierre Anthon kümmert, dass man sein Tun einfach ignoriert. Unwahrscheinlich scheint auch, dass die Kinder von diesem Außenseiter so berührt werden. Dazu die Autorin:»Ich glaube, hier liegt der Fanatasierungsfaktor: die gefährliche Sehnsucht der Kinder, ihre durchstrukturierte Welt und all die Erwartungen, die in sie gesetzt werden, hinter sich zu lassen und Pierre Anthon zu folgen. Ihre eigenen Zweifel, ob irgendetwas Bedeutung hat, fanatisieren sie, ihre Furcht, dass Pierre Anthon Recht haben könnte. Das ist der Grund, warum ihr Projekt dermaßen eskaliert.«[15] Denn jeder Mensch hat einen Pierre Anthon als drohendes Nichts oder drohende Sinnlosigkeit im Kopf. Hier muss der Religionsunterricht ansetzen, vielleicht im Sinne Sören Kierkegaards, des geistigen Wegbereiters des Existentialismus, der als Rettung aus dem Nichts, aus den Zweifeln an der Absurdität des Daseins, den Glauben an Gott stellt. Ob diese Sinnantworten überzeugen, kann Gegenstand des Unterrichts werden.

---

14 Ebd.
15 Ebd.

Janne Teller:
Krieg. Stell dir vor, er wäre hier.
Dän. Orig. 2005.
Carl Hanser Verlag: München 2011
Seitenzahl: 64
Preis: 6,90 €

Ab Klasse 7/Fokus: Krieg, Flüchtlinge,
Asylanten, kulturelle Differenz,
Zufälligkeit der Existenz

Inhalt

»Stell dir vor, es wäre Krieg« – so beginnt die kleine Erzählung, deren Cover in Form und Größe eines Reisepasses gestaltet ist. Der Leser wird durch das Buch geführt, indem diese Vorstellung detailreich ausgeführt wird: »Stell dir vor, es wäre Krieg«. Fiktiv wird folgendes Szenario entworfen:

Durch das Auseinanderbrechen der Europäischen Union ist in Europa ein Krieg ausgebrochen, weil Deutschland nicht mehr länger für ärmere Länder bezahlen wollte. Dieser dauert bereits länger an, sodass die Zivilbevölkerung stark in Mitleidenschaft gezogen wurde. Hunger, Kälte, Wohnungsnot und die ständige Angst vor Bombenangriffen bestimmen den Alltag auch der Familie des 14-jährigen Protagonisten, in die der Leser sich hineinversetzen soll. Auch diese Familie hat Tote und Verletzte zu beklagen. Die Mutter ist schwer erkrankt und hat im weitgehend zerstörten Deutschland kaum Überlebenschancen. So beschließt die Familie, die Flucht nach Ägypten zu wagen, das nächstgelegene friedliche Land.

In Ägypten angekommen, muss die Familie zwei Jahre in einem Sammellager auf ihre Aufenthaltserlaubnis warten. Dort haben die Kinder weder eine Chance in die Schule zu gehen, noch dürfen die Eltern arbeiten. Die Schwierigkeiten im engen Lageralltag ohne Aufgaben und Möglichkeiten werden beschrieben.

Auf Zeit bekommt die Familie des Protagonisten dann eine Aufenthaltsgenehmigung, wird in Assuan angesiedelt und muss dort wieder von vorne anfangen. Armut und Arbeitslosigkeit, das Gefühl der Ablehnung und der Fremdheit bestimmen den Alltag, und nur durch harte Arbeit gelingt der Aufbau einer bescheidenen Existenz. Würde der Krieg nicht immer noch andauern, wäre der Protagonist längst wieder zurück in seine Heimat gegangen. So muss er durchhalten. Nach Kriegsende ist Deutschland als besiegte Nation Teil eines von französischer Vorherrschaft regierten Europas. Rückkehrende gelten als Verräter. Es gibt nicht einmal die Möglichkeit, Deutschland kurzzeitig zu besuchen, denn wer nach Deutschland einreist, verliert den Asylantenstatus in seinem Gastland. Seit Kriegsende werden von den arabischen Ländern keine Flüchtlinge mehr aufgenommen. Die Schwierigkeiten zwischen der europäischen Minderheit und der arabischen Leitkultur verschärfen sich (Umgang mit Frauen, Sprache etc.). Weil der Protagonist mittlerweile verheiratet und Vater ist, über keine ausreichende Bildung verfügt und immer noch aufgrund seiner Herkunft stigmatisiert wird, hat er keinerlei Perspektive und muss sein Leben als unterprivilegierter, gerade noch geduldeter Fremder am unteren Rand der Gesellschaft fristen.

Zur Autorin

Janne Teller wurde 1964 in Kopenhagen geboren. Sie studierte Jura und arbeitete als ökonomisch-politische Ratgeberin bei der EU und UN. Seit 1995 ist sie hauptberufliche Schriftstellerin.

Didaktische Grundgedanken

Tellers Erzählung spricht verschiedene Problemkomplexe an:
- *Krieg und Kriegserlebnisse,* bei denen vor allem die Angst des Protagonisten deutlich wird (vor allem Teil I)
- *Kulturelle Differenzen* zwischen westlicher und arabischer Welt: Geschlechterverhältnisse, Rollenbilder und Familienverhältnisse
- Finanzielle und soziale *Deklassierung als Flüchtling*
- Die Bedeutung der *Zufälligkeit* von Geburt, Familie, Schicksal

Dieses Buch kann Interesse für die besondere Situation von Kriegsflüchtlingen wecken, für ihre je besonderen und doch vergleichbaren traumatischen Erfahrungen und biographischen Brüche. Daraus kann Engagement entstehen, vielleicht zunächst als Haltung, als Wille, die Nöte anderer wahrzunehmen – auch wenn sie fremd und anders scheinen –, und als Bereitschaft, sich für den Erhalt einer friedlichen und demokratischen Ordnung einzusetzen.[16]

Gute Diskussionsbeiträge und die Ergebnisse eines Schreibwettbewerbs finden sich unter: http://www.janne-teller-krieg.de/

Weiterführende Literatur

Thomas Mayerhofer: Janne Teller, Krieg. Stell dir vor, er wäre hier. Klasse 8/9. Unterrichtspraxis Hanser Verlag in der Schule http://www.janne-teller-krieg.de/wp-content/uploads/2011/03/Unterrichtsmaterial_Krieg.pdf (Zugriff am 13.2.2012)

2.7 Sterben/Tod

Elisabeth Zöller:
Auf Wiedersehen, Mama!
Georg Bitter Verlag: Recklinghausen 1990.
Neuauflage: Fischer Verlag: Frankfurt/M. 2004
Seitenzahl: 120
Preis: ab 3,50 €

Ab Klasse 5/Fokus: Familie, Tod, Freundschaft

Inhalt

»Gestern hat die Sonne ganz warm geschienen und ich hab am Fenster meine blauen Blumen aufgehängt. Die aus der Bretagne. Und zu Mama habe ich gesagt: ›So ähnlich muss das sein, wo du hingehst, Mama: wie die Blumen dort oder auch wie die Sonne.‹ (…) Ich gab Mama die Hand und wir haben zusammen auf die Blumen geschaut und auf die Sonne.«

Die Perspektive einer mittelbar Betroffenen wird in diesem Kinderbuch eingenommen: Hier schreibt Flora, die zum 13. Geburtstag von ihrer Mutter ein Tagebuch geschenkt bekommen hat, damit sie

---

16   Vgl. Thomas Mayerhofer: Unterrichtsmaterial zu Janne Teller, Krieg. Stell dir vor, er wäre hier. München 2011, 4.

alles aufschreiben kann, wenn sie mal keinen zum Reden hat. Da ahnt das Mädchen noch nicht, dass sich ihre Eintragungen meist um die Krankheit ihrer Mutter drehen werden, denn diese hat Krebs. »Auf Wiedersehen, Mama« begleitet Floras Familie, ihren siebenjährigen Bruder Philipp, Papa und Mama von dem Moment, an dem bei der Achtunddreißigjährigen Brustkrebs diagnostiziert wird, bis zu ihrem Tod. Die Tagebucheintragungen vom 15. Juli bis zum 25. Mai des Folgejahres zeigen die Schwierigkeiten und die Gefühle der Familienmitglieder: Flora, die z. B. in der Schule nicht mehr mitkommt, und Philipp, der wie ein Wahnsinniger Gummibärchen in sich hineinfrisst. Leider gelingt es keinem der Beteiligten, mit Dritten über das Sterben der Mutter zu sprechen. Gefühle wie Hoffnung, Verzweiflung, Wut, Verwirrung, Orientierungslosigkeit und immer wieder tiefe Traurigkeit werden so nicht aufgefangen.

Dennoch kann Elisabeth Zöller in diesem Buch das Sterben als Teil des Lebens zeichnen, einen schmerzhaften Teil zwar, der aber auch Veränderung und Neubeginn bedeuten kann. Weinen darf darin seinen Platz haben. »Man ist viel trauriger, wenn man nicht weint, weil ohne Weinen die Traurigkeit wie ein schwarzes Loch ist, in das man plumpst. Und dann sinkt man ab. Aber wenn man weint, bildet sich ein kleiner See, in dem man schwimmen, sich vielleicht sogar freischwimmen kann.«

Zur Autorin

Elisabeth Zöller, 1945 in Brilon geboren, arbeitete fast 20 Jahre als Lehrerin an einem Gymnasium, bevor sie nur noch Bücher für Kinder und Jugendliche schrieb. 2001 erhielt sie den Katholischen Kinder- und Jugendbuchpreis der Deutschen Bischofskonferenz, 2005 den Gustav-Heinemann-Friedenspreis für Kinder- und Jugendbücher für »Anton oder Die Zeit des unwerten Lebens.«

Didaktische Grundgedanken

Einen *sterbenskranken Menschen in der Familie* zu haben, ist eine große *Herausforderung für Familien,* die auch Rückwirkungen auf die Schule hat: Kinder fallen in sich zusammen, verändern sich, sind aber oft nicht bereit über die Schwierigkeiten zu sprechen. Sie werden in verschiedener Hinsicht auffällig (Noten, Essverhalten, Sozialverhalten) und die Umgebung ist hilflos. Diese Entwicklungen lassen sich bei den zwei Geschwistern entlang der Lektüre exemplarisch erarbeiten. Dabei wird auch deutlich, wie die Betroffenen in einer emotionalen Achterbahnfahrt *zwischen Hoffnung und Verzweiflung* in ihrem Umgang mit der Krankheit hin- und hergerissen werden. Das *Tagebuch* ist für Flora eine wichtige Hilfe in dem Prozess, Fragen zu stellen, aufzubegehren, aber auch, sich von ihrer Mutter zu verabschieden.

Welche *Formen der Trauer* ihr dabei helfen und welche Veränderungen sie dabei durchmacht, schildert Zöller einfühlsam.

Jutta Richter:
Hechtsommer.
Carl Hanser Verlag: München 2004. Deutscher Taschenbuch Verlag: München 2004.
3. Auflage 2010
Seitenzahl: 128
Preis. 6,95 €

Ab Klasse 5/Fokus: Familie, Tod Freundschaft

Inhalt

Daniels Mutter Gisela ist an Krebs erkrankt. Daniel, sein Bruder Lukas und auch das Nachbarskind Anna stehen der Krankheit hilflos gegenüber. Denn die Erwachsenen klären sie nicht über Symptome, Behandlung und mögliche Folgen der Krankheit auf, und die Kinder erfahren erst nach und nach, dass ihre Mutter bzw. die Nachbarin eine tödliche Krankheit hat und daran wahrscheinlich sterben wird.

In diesem Buch spielt daneben leitmotivisch das Thema Angeln eine wichtige Rolle: Annas Mutter fährt mit den Kindern zum Angelgeschäft und Daniel und Lukas dürfen sich einen Kescher und eine Senke aussuchen. Sie probierten die Senke sofort aus, aber Daniel meint, dass der Hecht noch bis Juli Schonzeit hat. Anna bekommt einen Brief und ein Angelbuch von Gisela, damit sie weiß, wie man richtig angelt, und den Jungen helfen kann.

Die Folgen ihres sorglosen Umgangs mit der durchsichtigen Angelschnur (einem Pfauenhuhn wickelt sich die Schnur um den Fuß, dieser wird abgeschnürt und fällt später ab) belasten zumindest Anna sehr – sie ist Schuld an der schweren Krankheit des Tieres.

Richter schildert das meist sorglose Miteinander der Kinder und auch der Familie im Alltag, in den die existentiellen Fragen allerdings immer wieder einbrechen: Daniel glaubt nicht mehr an Gott, sondern nur noch an den Hecht, und den will er fangen. Wenn der Hecht gefangen wird, dann wird seine Mutter wieder gesund – das erhofft Daniel sich mit der für Kinder in dieser Situation typischen Naivität. Symbolische Handlungen werden als Schlüssel für Heilung aufgeladen: Wenn der Apfelbaum Äpfel trägt (vgl. Sophie Brandes, Ein Baum für Mama), wenn die Maus stirbt (vgl. Marjoljin Hof, Tote Maus für Papas Leben), oder aber wenn Daniel den wilden Hecht besiegen kann, dann wird alles wieder gut, dann wird die Mutter geheilt.

Anna wundert sich, dass sie die kranke Gisela nicht mehr sieht und deren Kinder häufiger bei ihr zu Hause sind. Sie traut sich nicht, zu Gisela zu gehen und sich für das Angelbuch und den Brief zu bedanken – Berührungsängste werden deutlich.

Ein kleiner Junge im Schulbus sagt, dass Daniels Mama bald »tot gehen wird«. Daniel reagiert auf diesen Ausspruch aggressiv und geht auf den Jungen los. Erst als Anna ihn an den Hecht erinnert, lässt er los. Anna und Daniel gehen an dem Tag nicht in die Schule, und Daniel erzählt, dass er Angst hat, dass seine Mama wirklich stirbt. Er spricht auch wieder von Gott und betont erneut, dass er nur noch an den Hecht ›glaubt‹.

Als sie nach Hause kommen, ist der Arzt bei Gisela. Annas Mutter sagt den Kindern an diesem Tag, dass Gisela bald sterben wird, geht dann aber mit ihnen Eis essen. Am nächsten Tag ist eigentlich alles wie immer. Annas Mutter und Peter (Daniels und Lukas' Vater) hängen in Giselas Zimmer einen Spiegel auf, sodass sie von ihrem Bett aus den Hof sehen kann.

Als Anna sich mit ihrer Freundin trifft, diese nach Daniels Mutter fragt und wissen will, ob Annas Mutter vorhat, nach Giselas Tod Daniels Vater zu heiraten, drückt Anna ihr daraufhin ihr Eis ins Gesicht und radelt davon.

Am Abend sieht Anna Gisela das letzte Mal, obwohl sie am nächsten Tag zusammen mit Daniel und Lukas den Hecht fangen. So bemerken sie nicht einmal, wie das Arztauto auf den Schlosshof fährt. Als sie zum Haus laufen und den Hecht zeigen wollen, kommt Peter ihnen entgegen und nimmt seine Söhne in die Arme. In dieser Offenheit endet das Buch.

Zur Autorin

Jutta Richter, geboren 1955 in Burgsteinfurt/Westfalen, studierte katholische Theologie, Germanistik und Publizistik. Sie lebt heute als freiberufliche Autorin im Münsterland und schreibt für Erwachsene, Jugendliche und Kinder Erzählungen, Hörspiele, Theaterstücke, Lieder und Gedichte. Für ihre literarischen Werke wurde sie mehrfach ausgezeichnet.

Ihr Buch »Hechtsommer« wurde 2005 mit dem Katholischen Kinder- und Jugendbuchpreis ausgezeichnet.

Didaktische Grundgedanken

Die zentralen Themen des Buches sind Krankheit und Tod. (Wie) soll man *mit Kindern über dieses Thema* reden? Wie sehen das die Schüler in Abgrenzung zur Handlung im Buch? Kann man *den Tod beeinflussen* (Hecht fangen)? Wie kommt es zu solchen »*Kompensationshandlungen*«? Wie sollte ein guter Abschied von sterbenden Menschen aussehen?

Oftmals als Kontrastfolie bietet die naive Schilderung der Handlung aus kindlicher Perspektive gute Anknüpfungspunkte.

Ein weiterer möglicher didaktischer Fokus ist das Thema *Familienkonstellationen*. Daniel und Lukas leben mit beiden Elternteilen zusammen. Anna hingegen lebt mit ihrer Mutter allein. Die Ich-Erzählerin Anna denkt oft an ihren Vater und von ihrer Mutter wünscht sie sich mehr Verständnis. In diesem Zusammenhang könnten die Schüler sich überlegen, wie der ideale Vater und die ideale Mutter in solch schwierigen Situationen aussehen sollten. Am Ende verweist die Anfrage, wen Daniels Vater jetzt heiraten wird, auf die Frage, wie sich die Ehepartner/Kinder von Verstorbenen ›zu verhalten haben‹. Was wird von ihnen erwartet? Was sollen, was dürfen sie (nicht) tun?

Des Weiteren spielt die *Freundschaft* der drei Kinder untereinander eine wichtige Rolle. Sie sehen sich in Abgrenzung zu den Dorfkindern und den Bauernkindern. Im Bezug darauf können *Cliquenbildung und Freundschaftsideale* thematisiert werden.

Auch das Thema *Glaube* kommt mehrfach zum Ausdruck, z. B. wenn Daniel erklärt, dass er nun nur noch an den Hecht ›glaubt‹. Seine kindliche Kompensationsvorstellung, dass seine Mutter wieder gesund würde, wenn er den Hecht finge, erweist sich am Ende jedoch als Illusion. Die Frage, wie es nun nach dem Tod der Mutter weitergeht, bietet sich z. B. als Aufgabenstellung für kreatives Schreiben an.

Weiterführende Literatur

Sabine Wierlemann: Jutta Richter, Hechtsommer. Reihe Hansa Unterrichtspraxis. Potsdam 2008 (28 Seiten) (http://www.dtv.de/_pdf/lehrermodell/62281.pdf)

Peter Pohl und Kinna Gieth:
Du fehlst mir, du fehlst mir!
Schwed. Orig. 1992. Carl Hanser Verlag: München 1994. Neuauflage: Deutscher Taschenbuch Verlag: München. 2012
Seitenzahl: 272
Preis: 8,95 €

Ab Klasse 8/Fokus: Tod von Geschwistern, Trauerbewältigung

Inhalt

Die fast 14jährigen eineiigen Zwillinge Cilla und Tina sind unzertrennlich. Jede freie Minute verbringen sie gemeinsam. Doch ihren 14. Geburtstag wird eine der Zwillinge, Cilla, nicht mehr erleben. Sie stirbt am Geburtstag ihrer Mutter durch einen Verkehrsunfall. So beginnt die Erzählerin Tina die Geschichte, die sie einen »Bericht über Tina, die übrigblieb und versuchen musste, in einem Leben ohne Cilla aufrecht zu stehen und das Gleichgewicht zu halten« (S. 7), nennt. In einer Rückblende wird die Vorgeschichte bis zu diesem schicksalhaften Tag erzählt:

Die Zwillinge leben mit ihren Eltern und dem älteren Bruder Jonny auf dem Rosenhof, den sie als ›Paradies‹ bezeichnen. Dem Leser werden die Zwillinge während ihrer Pubertät vorgestellt: Sie haben Stress mit den Eltern, Streit mit dem Bruder, stellen sich Fragen über das eigene Ich und entdecken die eigene Sexualität. Auch das erste Verliebtsein spielt eine große Rolle in dieser Zeit. Obwohl sie unzertrennlich sind und sich äußerlich sehr ähneln, werden erste Unterschiede deutlich: Während Tina sich mit mehreren Jungen trifft und ihre Schwärmereien für das andere Geschlecht schnell wieder verblassen, ist Cilla eher die Sensible, die keine oberflächlichen Gespräche mag, gut zuhören kann und sich ehrenamtlich engagiert. Sie schwärmt nur für einen Jungen, den Leadsänger einer erfolgreichen Jugendband. In ihrer Klasse kann Cilla kaum ernsthafte Gespräche führen, sodass der Kontakt zu den Anderen schwieriger wird und Cilla sich immer weiter distanziert. Sie gerät in eine Außenseiterolle, von der Tina nichts mitbekommt.

Als Cilla dann auf dem Weg zur Schule vor den Augen ihrer Zwillingsschwester verunglückt, befindet sich Tina zunächst in einem Schockzustand. Ihre Trauer zeigt sie aber nur in wenigen Momenten, und ihren Eltern und Freunden gegenüber verhält sie sich nach dem Tod ihrer Schwester distanziert. Als eine Art von Wiedergutmachung engagiert sie sich von nun an in Cillas Projekten. Erst nachdem ihre erste große Liebe kein Interesse mehr an ihr zeigt, geht Tina zum Schulpsychologen. In diesen Gesprächen wird Tina klar, dass sie Schuldgefühle hat. Sie glaubt, Cilla nicht richtig geholfen zu haben. Doch der Psychologe macht ihr deutlich, dass keiner Schuld an Cillas Tod hat.

Mit Cillas erstem Todestag endet die Handlung. An diesem Tag führt die Familie endlich ein offenes Gespräch, bei dem sich zeigt, dass die Trauer zwar noch nicht abgeschlossen ist, aber jeder seinen eigenen Weg finden muss, um Cillas Verlust zu bewältigen.

Zum Autor

Peter Pohl ist 1940 in Deutschland geboren. Er lehrte Mathematik an der Technischen Hochschule in Stockholm. 1995 erhielt er den Deutschen Jugendliteraturpreis. Er hat diesen Roman aufgrund von Tagebuchaufzeichnungen, Briefen und Erzählungen von Kinna

Gieth[17] geschrieben. Diese wird durch die Protagonistin Tina in seinem Buch verkörpert.

Didaktische Grundgedanken

Der Tod ist immer mitten im Leben präsent. Besonders schlimm ist es natürlich, wenn es einen der nächsten Angehörigen trifft. Wie die Zwillingsschwester mit der Trauer umgeht, welche Wünsche sie an ihre Freunde hat, welche *Form des Tröstens* sie als hilfreich empfindet, warum sie *Schuld* am Tod ihrer Schwester empfindet und wie man sinnvoll mit Schuldgefühlen umgehen kann – das alles bietet sich im Verlauf der Lektüre auch als Themen des RUs an. Wie hilfreich dabei eine Unterstützung von außen, in diesem Fall durch einen Psychologen, sein kann, könnte durch die Einladung einer Beratungsstelle veranschaulicht werden. Daneben bietet die Lektüre zu Themen wie *Freundschaft*, die *Frage nach der eigenen Identität* und *verbindlichen Werten*, die *Unterschiedlichkeit von Menschen*, sogar von Zwillingen, und die *erste Liebe* eine gute Textbasis.

Weiterführende Literatur

Kerstin Schäfer und Christoph Oldeweme: Unterrichtspraxis. Reihe Hanser in der Schule. Du fehlst mir, du fehlst mir! *www.dtv. de/_pdf/lehrermodell/62012.pdf*

Eric-Emmanuel Schmitt:
Oskar und die Dame in Rosa.
Frz. Orig. 2002. Fischer Verlag: Frankfurt/M.
2005. Neuauflage: Fischer Taschenbibliothek:
Frankfurt/M. 2006/2011
Seitenzahl: 112
Preis: 8,00 €

Ab Klasse 5/Fokus: Sterben und Tod

---

17   Information zu ihr unter http://www.nada.kth.se/~pohl/Fehlst.html

Inhalt

Der 10-jährige Oskar ist unheilbar an Leukämie erkrankt. Er weiß, dass er sterben wird. Doch seine Eltern haben Angst, ihm die Wahrheit zu sagen und so wird das Verhältnis zwischen Oskar und seinen Eltern immer schwieriger. Im Krankenhaus schließt Oskar mit einer alten Dame Freundschaft. Er nennt sie Oma Rosa. Oma Rosa begleitet ihn während der letzten Tage seines Lebens und versucht alle seine Fragen zu beantworten. Sie rät ihm, jeden Tag einen Brief an Gott zu schreiben, in dem er alles sagt, was ihn bewegt. Obwohl Oskar nicht an Gott glaubt, verfasst er bis zu seinem Tod 13 Briefe. Diese Briefe handeln von Liebe, Schmerz, Freude und Verlust.

Der Leser erfährt, dass Oskar sich als schlechter Kranker schuldig fühlt, wie er den Arzt Dr. Düsseldorf mit seinen Heilungsansprüchen in seine Grenzen verweist und wie er bei einem Kirchenbesuch mit Oma Rosa Jesus als Gott im Leid als verständnisvollen Tröster kennenlernt. Oma Rosa bringt Oskar auch dazu, sich jeden noch verbleibenden Tag wie zehn Jahre seines Lebens vorzustellen. So durchlebt der 10-Jährige in kürzester Zeit ein langes Menschenleben und erfährt, was es heißt, seine erste große Liebe zu treffen, Eifersucht zu erleben, eine Midlife-Crisis durchzustehen und alt zu sein.

Der Roman endet mit einem Brief Oma Rosas an Gott, in dem sie sich für die Zeit mit Oskar bedankt.

Zum Autor

Der französische Autor Eric-Emmanuel Schmitt, geboren 1960, arbeitet seit Beginn der neunziger Jahre als Romancier, Dramatiker und Autor für Theater, Fernsehen und Film. Mit den »Blumen des Koran« und mit »Oskar und die Dame in Rosa« war er lange auf den Bestsellerlisten vertreten.

Didaktische Grundgedanken

Oskar regt mit seinen Fragen zum Tod und zum Sterben in seinen »Briefen an Gott« beim Leser selbst ein *Nachdenken über Sterben und Tod* an. Da Oskar (zunächst) nicht an die Existenz Gottes glaubt und Oma Rosa diesbezüglich in Frage stellt, bietet es sich an, das zum Gegenstand des Unterrichts zu machen. *Woran merkt man, dass es*

Gott gibt? Warum glauben ältere Leute wie Oma Rosa an Gott? Wird der Glaube durch eine schwere/tödliche Krankheit besonders herausgefordert? *Was ›nützt‹ Glauben in solchen Situationen?.*

Oskars Eltern sprechen mit ihm nicht ehrlich über seine Krankheit. Vielleicht werden nicht alle Schüler der Meinung sein, dass *radikale Aufklärung* der richtige Weg ist. Wie kann das Gebot »Du sollst nicht lügen« in dieser Situation gelten?

Auch Themen wie *Krankenhausseelsorge, Hospizdienste,* Phasen des Umgangs mit einer schweren/ tödlichen Krankheit bieten sich entlang der Behandlung des Buches an.

Weiterführende Literatur

Christina Köß: Oskar und die Dame in Rosa (ev., 5/6) – Mit Kindern über den Tod sprechen. In: In Religion 2 (2009), 1–32

Silke Leonhard: Krankheit und religionspädagogische Fragmentarität. Zum literarischen Fall »Oskar und die Dame in Rosa« (Eric-Emmanuel Schmitt). Pädagogik und Theologie 1 (2009), 23–32

Sally Nicholls:
Wie man unsterblich wird. Jede Minute zählt. Engl. Orig. 2008. Carl Hanser Verlag: München/Wien 2008. Neuauflage: Deutscher Taschenbuch Verlag: München 2010
Seitenzahl: 208
Preis: 8,95 €

Ab Klasse 7/Fokus: Krankheit, Sterben und Tod

Inhalt

»Ich heiße Sam. Ich bin elf Jahre alt. Ich sammle Geschichten und interessante Tatsachen. Ich habe Leukämie. Wenn du das hier liest, bin ich vermutlich schon tot.«

Schon zu Beginn des Buches ist klar, worum es geht. Sam, der Ich-Erzähler, redet deutlich, offen und ehrlich über sich und seine Krankheit. Er lässt den Leser drei Monate lang an seinen Geschichten und Erlebnissen, seinen Gedanken, Ängsten, Träumen und Wünschen teilhaben. Der Leser taucht so ein in das Leben des Jungen, das so ganz anders ist als das der Gleichaltrigen.

Zum Glück gibt es da seinen Freund Felix, den er im Krankenhaus kennengelernt hat. Felix hat ebenfalls nur noch wenige Monate zu leben. Sam wird seinen Tod noch miterleben. Weiterhin ist da Mrs. Willis, die den beiden schwerkranken Jungen Hausunterricht gibt. Und da ist natürlich auch Sams Familie: seine besorgte Mutter, die ihn so selten alleine lässt, seine kleine Schwester Ella, die ihn immer wieder nervt und doch genau spürt, was mit ihrem Bruder geschieht, und sein Vater, der sich meistens zurückzieht und über die Krankheit seines Sohnes und die damit verbundenen Sorgen und Ängste kaum sprechen mag. Über all diese Menschen macht Sam sich Gedanken und über noch viel mehr: In seinem Buch, an dem er Tag für Tag schreibt, setzt er sich mit vielen Fragen auseinander, die den Tod, das Sterben und das, was danach kommt, betreffen.

Wieso lässt Gott Kinder krank werden? Was ist Sterben? Wohin geht man, wenn man gestorben ist? Tut Sterben weh? Sam geht diesen Fragen, »die niemand beantwortet«, auf den Grund. Ob er Antworten findet, kann der Leser nur herausfinden, wenn er Sams Geschichten liest und bereit ist, einzutauchen in eine Welt, die von dem steten Gefühl beherrscht ist, es könnte der letzte Tag im Leben sein.

Auf bewundernswerte, nahezu wundersame Weise schafft es der Junge, seine Leser für das, was ihn so kurz vor seinem Tod beschäftigt, zu sensibilisieren und sie an seine schwierigen und doch so verständlichen Fragen mit einer guten Portion Humor, viel kindlichem Idealismus und einer bemerkenswerten Einfühlsamkeit heranzuführen.

Zur Autorin

Die in London lebende Autorin Sally Nicholls wurde 1983 in Stockton, England, geboren und studierte Philosophie und Literatur. In einem Schreibseminar verfasste sie ihren ersten Roman, »Wie man unsterblich wird«, der bereits in zahlreiche Sprachen übersetzt und mit mehreren Preisen ausgezeichnet wurde, darunter auch mit dem Waterstone Children's Book Prize, dem Luchs des Jahres 2008 und einer Nominierung für den Deutschen Jugendliteraturpreis 2009.

Didaktische Grundgedanken

Dieses Buch bietet sich hervorragend für die Auseinandersetzung mit dem Thema *Sterben und Tod* an. Gerade weil Nicholls ihren Protagonisten mit so viel Leichtigkeit, Wissensdurst, Humor und in verständlicher Sprache erzählen lässt, können die Schüler den Gedanken Sams gut folgen.

Die tagebuchähnlichen Einträge Sams basieren auf grundlegenden Fragen, die sich viele Menschen stellen, wenn sie sich mit dem Tod beschäftigen. Obwohl Sam weiß, dass er bald sterben wird, scheinen diese Fragen für ihn keine Bedrängnis oder Verzweiflung auszulösen. Vielmehr möchte Sam sich, sein Leben, seine Situation und seine Krankheit besser verstehen lernen. Mit Fragen zum Tod und zum Sterben lädt er seine Leser ein, sich selbst über die Existenz des Menschen, den Sinn von Krankheit, Sterben und Tod und letztlich auch über die Frage nach Gott Gedanken zu machen. Sams Fragen können auch Grundlage für das gemeinsame Philosophieren in der Lerngruppe sein und lassen sich auf andere Sinnfragen ausweiten.

Immer wieder stellt Sam »Listen« auf, in denen er Tatsachen festhält, die ihm besonders wichtig sind, u. a. ›Fünf Tatsachen über mich‹, ›Was ich gerne (noch) tun möchte‹; ›Was man macht, wenn jemand stirbt‹ und ›Wohin geht man, wenn man gestorben ist?‹ Diese Listen können die Schüler für sich selbst aufstellen und mit denen von Sam vergleichen. Was ist dir wichtig, was ist Sam wichtig? Was bleibt am Ende? Welche Wünsche und Ziele bleiben für Sam unerfüllt, und welche Chancen hast du noch?

Ähnlich wie Sam können die Schüler wissenschaftlich forschen und sich z. B. näher mit Krankheiten, die zum Tod führen, der Aufgabe und Funktion von Hospizen sowie der medizinischen Beschreibung des Sterbensprozesses auseinandersetzen. Darauf folgt notwendigerweise die Frage, die auch Sam sich stellt: Kann Wissenschaft alles beweisen? Spätestens die Frage, was nach dem Tod kommt, ist eine Glaubensfrage und muss als solche behandelt werden.

Eine intensive Auseinandersetzung mit diesem Roman kann die Schüler im Religionsunterricht für das, worauf es im Leben ankommt, sensibilisieren und fordert sie auf, Fragen zu stellen, zu staunen und zu wünschen.

Torun Lian:
Es sind die Wolken, die die Sterne bewegen.
Norweg. Orig. 1994. Kleiner Bachmann
Verlag: Bensheim 2000/2002
Seitenzahl: 190
Preis: 17,90 €

Ab Klasse 6/Fokus: Trauerbewältigung,
Depression, Freundschaft

Inhalt[18]

Nach dem Tod ihres jüngeren Bruders Pilten hat die elfjährige Maria nicht nur mit ihrer Trauer zu kämpfen, sondern auch mit der Angst, ihrer Mutter nichts mehr zu bedeuten. Nach und nach findet das Mädchen immer mehr »Beweise« dafür, dass ihre Mutter sie nicht mehr liebt. Sie zieht sich zunehmend in sich selbst zurück und lässt niemanden mehr an sich heran. Der Vater, der nur »äußerlich« für sie da ist, ist auch keine wirkliche Unterstützung.

Als Maria während der Sommerferien von einem Verwandten zum nächsten geschoben wird, verliert sie immer mehr an Orientierung. Erst der gleichaltrige Jakob, den sie bei ihren Großeltern kennenlernt, kann sie in seiner unkomplizierten Art zum Lachen bringen. Da er nichts von Piltens Tod weiß, erzählt Maria ihm die abenteuerlichsten Geschichten über ihren jüngeren Bruder, die ihre Form der Verdrängung deutlich machen. Am Tag vor ihrer Heimreise bricht ihr Lügengebäude jedoch zusammen. Jakob weiß, dass Pilten tot ist, und konfrontiert Maria mit seinem Wissen. Diese ist jedoch so überfordert mit der Situation, dass es zum Bruch zwischen den beiden kommt. Die gerade aufkommende Freundschaft scheint am Ende zu sein.

Bei ihrer Rückkehr ins heimatliche Oslo muss Maria mit großer Enttäuschung feststellen, dass sie nicht nur ihren Bruder und Jakob

---

18 Entnommen aus Ann-Kathrin Schwantes: Torun Lian, Es sind die Wolken, die die Sterne bewegen. In: Mirjam Zimmermann: Religionsunterricht mit Jugendliteratur. Göttingen 2006, 64–79, 64 f.

verloren hat, sondern scheinbar auch noch ihre Mutter, die sich aufs Land zu ihrer Schwägerin und ihrem Schwager zurückgezogen hat und in einer schlimmen Depression versinkt. Maria sieht keinerlei Möglichkeit, mit ihrer Mutter in Kontakt zu treten, und auch der Vater vertröstet Maria oft nur mit leeren Versprechungen, wenn sie nach der Mutter fragt. Alles erscheint Maria hoffnungslos, bis plötzlich Jakob bei ihr auftaucht. Sogar der Vater ist von ihm begeistert und erlaubt nach kurzem Zögern, dass Jakob in Piltens altem Zimmer schlafen darf. Allmählich beginnen sowohl der Vater als auch Maria mit Jakobs Hilfe, Piltens Tod zu akzeptieren.

Nach wie vor bleibt aber das gestörte Verhältnis zwischen Maria und ihrer Mutter. Durch Jakob ermuntert, der ihr zum Geburtstag Geld für eine Bahnfahrkarte schenkt, fährt Maria schließlich heimlich zu ihrer Tante und ihrem Onkel aufs Land. Als sie dort dann endlich auf ihre Mutter trifft, nimmt sie allen Mut zusammen und stellt ihr die Frage, die sie schon seit Monaten quält: Liebst du mich? Die Mutter zeigt jedoch zunächst keinerlei Reaktion, sodass Maria verletzt und weinend davonläuft. Aus der Ferne kann sie hören, wie ihre Tante der Mutter schwere Vorwürfe macht. Daraufhin macht die Mutter dann doch einen Schritt auf Maria zu und entschuldigt sich bei ihr. Kurz darauf trifft der Vater ein, dem Maria nur eine Nachricht hinterlassen hatte. Zum ersten Mal nach langer Zeit ist die ganze Familie zusammen, und der Grundstein für eine Wiederannäherung scheint gelegt. Mit dieser hoffnungsvollen Perspektive endet das Buch.

Zur Autorin

Torun Lian wurde 1956 in Oslo geboren. Neben dem Kinderbuch »Es sind die Wolken, die die Sterne bewegen« sind von der Norwegerin noch »Märchenprinz, melde dich!«, »Frida« und »Frida mit dem Herzen in der Hand« auf Deutsch erschienen. Das Buch wurde mehrfach ausgezeichnet, u. a. mit dem norwegischen Kinderbuchpreis. 1998 wurde der Film zum Buch gedreht, der in Deutschland im Jahrr 2000 unter dem Titel »Nur Wolken bewegen die Sterne« in die Kinos kam.

Didaktische Grundgedanken

Aus dem Buch ergeben sich folgende Anknüpfungspunkte für den Unterricht:

Tod, Trauer, Depression, Bestattung, Leben nach dem Tod.

- Warum müssen Kinder sterben?
- Welches Verständnis haben Christen vom Tod und dem ewigen Leben?
- Wie kann man mit Trauer umgehen? Was ist, wenn Trauer krank macht (Depression)? Kann man Depressionen behandeln?

Familie, Freundschaft, Mutter- und Tochter-Beziehung, Mensch und Gott.

- Welche Bedeutung haben Freunde in schwierigen Zeiten?
- Warum sind Gespräche so wichtig?
- Wie verhalten sich Menschen in unterschiedlichen Trauerphasen?
- Wie kann man sich beim Trauern unterstützen, wie behindern?
- Welche Bedeutung können Glaube und Religion bzw. die Beziehung zu Gott in einem Trauerprozess haben?

Weiterführende Literatur

Ann-Kathrin Schwantes: Torun Lian, Es sind die Wolken, die die Sterne bewegen. In: Mirjam Zimmermann (Hg.): Religionsunterricht mit Jugendliteratur. Göttingen 2006, 64–79

Jostein Gaarder:
Durch einen Spiegel, in einem dunklen Wort.
Norweg. Orig. 1992. Carl Hanser Verlag:
München 1996. Neuauflage: Deutscher
Taschenbuch Verlag: München 2001
Seitenzahl: 176
Preis: 7,95 €

Ab Klasse 8/Fokus: Sterben, Tod, Engel, Leben nach dem Tod

Inhalt

»Wir sehen jetzt durch einen Spiegel, in einem dunklen Wort; dann aber von Angesicht zu Angesicht. Jetzt erkenne ich stückweise; dann aber werde ich erkennen gleichwie ich erkannt bin« (1. Brief des Paulus an die Korinther 13, 12).

»Die ganze Schöpfung ist ein Spiegel, Cecile. Und die ganze Welt ist ein dunkles Wort«, so erklärt der Engel Ariel dem schwerkranken Mädchen Cecile seine Vorstellung der zwei Welten. Schneeweiß, fast durchsichtig und unantastbar sitzt er plötzlich auf der Fensterbank der sterbenden Cecile. Eigentlich ist es Weihnachten und unten im Haus bereitet die Familie alles zum großen Fest vor. Aber Cecile ist in der Endphase einer Krebserkrankung. Die zweite Chemotherapie wurde auf Wunsch der Großmutter nicht mehr durchgeführt und das Mädchen scheint dem Tod schon ganz nahe. Sie hat dauerhaft Fieber, braucht jeden Tag schmerzstillende Medikamente, kann nicht mehr aufstehen, will nichts mehr essen und schläft große Teile des Tages. Teilweise schläft sie auch plötzlich mitten in Gesprächen ein und Realität und Traum verwischen. Eines Tages taucht dann an ihrem Bett dieser Engel auf, obwohl das Mädchen gar nicht genau weiß, ob sie an Engel überhaupt glauben soll. Doch mit Ariel kann man auch in den langen Nachtstunden nachdenken und bereden, was einem in den Stunden im Krankenbett so durch den Sinn geht: Wer bin ich? Woraus besteht die Seele? Gibt es Gott? Was passiert nach dem Tod?

Das Gespräch zwischen Cecile und Ariel führt zu einer wunderbaren Begegnung zwischen Himmel und Erde. Das Mädchen versucht Ariel seine Geheimnisse von der ›anderen Seite des Spiegels‹ zu entlocken. Aber auch Ariel ist an Ceciles Erfahrungen interessiert, denn für Engel sind alle menschlichen Empfindungen fremd. So kann er sich Schmerzen oder Kälte nicht vorstellen. Mit viel Kreativität und schönen Bildern gelingt es dem Mädchen, Ariel manches davon sprachlich zu vermitteln. So erkunden die beiden jeweils das Terrain des Anderen und stellen manchmal auch tollkühne Hypothesen auf, z. B. dass es besser wäre, wenn drei Eltern Kinder zeugen würden. Dieses Vorgehen, über unentscheidbare Fragen zu philosophieren, rechtfertigen die beiden folgendermaßen »Wenn es stimmt, dass die Schöpfung ein großes Rätsel ist (…), dann ist Raten erlaubt.«

So werden die tiefen Fragen des Universums im Gespräch bearbeitet und regen den Leser wiederum zu eigenen Gedanken an. Cecile zeigt sich aber auch als trotziges Persönchen, wenn sie sich zum Weihnachtsfest Ski, einen Schlitten und Schlittschuhe wünscht, obwohl abzusehen ist, dass sie diese nie mehr wird benutzen können, wenn sie die Krankenschwester nicht mehr sehen möchte, weil die immer danach fragt, wie es ihr geht, wenn sie die Mutter mit Nachdruck bittet, nicht mehr davon zu reden, dass sie wieder gesund werden würde – das sei allein den Kranken vorbehalten, weil es diese sonst unter Druck setze. Diese Kranke weiß ganz genau, was sie möchte und was nicht.

Um den sanften Übergang zwischen den beiden Welten vorzubereiten, nimmt Ariel sie erst einmal mit zum Skifahren, und sie erlebt die Welt mit einem »Blick von außen«, bevor Ariel sie dann endgültig in die Welt auf der anderen Seite des Spiegels geleitet, traurig und leise, aber doch erfüllt von der Hoffnung, dass es ›da drüben‹, wie auch immer, von Engeln getragen weiter geht.

Zum Autor

Jostein Gaarder wurde 1952 in Oslo geboren, studierte Philosophie, Theologie und Literaturwissenschaft und unterrichtete danach zehn Jahre lang als Lehrer Philosophie an Schulen und in der Erwachsenenbildung. Daneben schrieb er Romane und Erzählungen. »Durch einen Spiegel« wurde mit vielen Preisen ausgezeichnet, z. B. 1996 Das Goldene Kabel, 1997 Preis der Deutschen Schallplattenkritik, 1997 Österreichischer Jugendbuchpreis der Jury der jungen Leser, 1997 Buxtehuder Bulle.

Didaktische Grundgedanken

Der Titel des Romans »Durch einen Spiegel, in einem dunklen Wort« ist dem ersten Brief des Apostels Paulus an die Korinther entlehnt. Jostein Gaarder gibt dieser Stelle einen dekonstruktivistischen Sinn: »Manchmal können wir durch den Spiegel schauen und ein wenig von dem entdecken, was sich auf der anderen Seite befindet. Aber wenn wir den Spiegel ganz sauber wischten, würden wir viel mehr sehen. Nur könnten wir uns dann selbst nicht mehr erkennen. (…) Man muss nur misstrauisch genug gegen die Vernunft sein, lautet die Botschaft, dann stellt sich das Vertrauen in den Sinn des Lebens bald ein. Denn was sind schon die Menschen? Seifenblasen, die Gott fliegen läßt.«[19]

Die Art und Weise, wie die Protagonisten Cecile und Ariel mit den »großen Fragen« umgehen, macht Mut, mitzureden, mitzuphilosphieren. Denn persönlich gehen uns diese Fragen alle an.

Thematisch bieten sich neben den genannten *philosophischen Gesprächsangeboten* die klassischen problemorientierten Zugänge an:
- Wie läuft der Sterbeprozess ab?
- Nahtoderlebnisse
- Behandlungsverzicht
- Belastung der Angehörigen durch die Pflege
- Engel

Der Roman wurde im Jahr 2008 in Norwegen von Jesper W. Nielsen verfilmt, und es gibt eine gelungene deutsche Hörspielfassung von 2005.

Patrick Doughtie und John Perry:
Briefe an Gott. Eine bewegende Geschichte voller Inspiration und Hoffnung.
Engl. Orig. 2010. Gerth Medien: Asslar 2011
Seitenzahl: 240
Preis: 14,99 €

Ab Klasse 7/Fokus: Krankheit, Tod, Hoffnung

---

19 Vgl. die kritischen Anmerkungen zum Philosophiekonzept in der Rezension der FAZ (Zugriff am 8.12.2011) http://www.faz.net/aktuell/feuilleton/buecher/rezensionen/belletristik/rezension-belletristik-trostmaschine-philosophie-1359017.htmlen. Anmerkungen zum Philosophiekonzept in der Rezension der FAZ.

Inhalt

»Es ist eine Ehre, einer von Gottes Kriegern des Lichts zu sein!«
(S. 180) So wird der neunjährige Tyler, der an einem Gehirntumor
leidet, vom Großvater seiner besten Freundin Sam ermutigt.

Schon der tödliche Autounfall des Vaters traf die Familie schwer,
doch die Krebsdiagnose des kleinen Tyler erschüttert die Familie
zutiefst, besonders Tylers Mutter Maddy.

Als Parallelhandlung eingewoben erfährt der Leser die Geschichte
des Aushilfs-Postboten Brady McDaniels, der mit vielen Problemen
in seinem Leben zu kämpfen hat und nun zufällig der neue Postbote
in der Straße wird, in der Tylers Familie wohnt. Durch die fast täglichen Briefe von Tyler, die er als Gebete an Gott schreibt und mit
denen der Postbote anfangs nichts anzufangen weiß, wird Brady
sehr bewegt und es entwickelt sich langsam eine Freundschaft zu
der Familie.

Das Briefeschreiben an Gott hat Tyler von seinem verstorbenen
Vater übernommen, von dem er heute noch die aufgeschriebenen
Gebete aufbewahrt. Brady weiß zunächst nicht, was er mit den vie-
len Briefen machen soll, doch schließlich liest er sie und verteilt sie
an die Personen, über die Tyler in seinen Gebeten schreibt. Beson-
ders viele Briefe handeln von Tylers Mutter, die oft so traurig ist.
Tyler betet dafür, dass Gott ihr doch die Sorgen nehme und wieder
Freude schenke. Zwischendurch erkennt der Junge auch manchmal
Antworten Gottes, zum Beispiel in einem lang ersehnten herzhaften
Lachen seiner Mutter. Tyler kann nicht geheilt werden und verbringt
am Ende viel Zeit im Krankenhaus. Viele Nachbarn und Freunde
kümmern sich um ihn. Die letzte Zeit verbringt die Familie in einem
Kinderhospiz. An einem für Tyler veranstalteten Abend trägt Brady
alle Briefe nach vorne und erzählt, wie sehr ihn diese Briefe bewegt
haben und ihm gezeigt haben, was es heißt, überzeugend zu glauben.

Durch Tylers Geschichte und die Begegnung mit ihm inspiriert,
fangen viele Menschen an, Briefe an Gott zu schreiben, unter anderem auch, um Gott um Tylers Überleben zu bitten. Dennoch stirbt
Tyler.

Das Buch zeigt viele Probleme, die durch einen Schicksalsschlag
in einer Familie entstehen: Da ist zum einen Tylers Bruder, der sich
wieder nach einer »normalen« Familie sehnt. Zum anderen ist Tylers

Mutter Maddy, die ja schon ihren Mann verlieren musste, schwer getroffen: Sie zweifelt sehr stark an ihrem Glauben, und die Sorgen um Tyler machen sie krank. Tylers Großmutter als typische Repräsentantin des amerikanischen konservativen Christentums, versucht sie immer wieder davon zu überzeugen, wie sehr Gott sie liebe, und dass gerade der Glaube helfen könne, wenn man sich nur vertrauensvoll an Gott wende. Tylers beste Freundin Sam, die häufig in der Familie zu Gast ist, verbindet eine enge Freundschaft, die trotz mancher Schwierigkeiten durch die schwere Krankheit noch an Tiefe gewinnt. Tyler redet auch mit ihr über seine Briefe an Gott und zeigt ihr die seines Vaters. Der Umgang mit seinen Mitschülern, die ihn oft z. B. wegen seiner Glatze ärgern, ist bemerkenswert. Er schreibt auch ihnen Briefe und schafft es, dass Versöhnung von ihm ausgeht.

Durch die Perspektiven der unterschiedlichen Personen durchzieht die Frage nach Gott und den Möglichkeiten, Glauben auch in schwierigen Situation zu leben, den Roman: die Zweifel der Mutter, die Unbedingtheit und Zweifellosigkeit der Großmutter, der Glaube Tylers, der trotz oder gerade in seiner Krankheit Gottes Nähe erfährt und diese in seinen Briefen weitergibt. Dieser Roman ist autobiographisch inspiriert und beschreibt den Weg eines Jungen bis zu seinem Tod, der seinen Glauben lebt und anderen damit Hoffnung gibt.

Zu den Autoren

Patrick Doughtie, geboren 1965, betrieb eigentlich eine erfolgreiche Baufirma, als sein Sohn Tyler 2003 an einem Gehirntumor erkrankte und 2005 starb. Nur zwei Jahre später wurde bei Patrick Doughtie selbst Leukämie diagnostiziert. Er verarbeitete Tylers und seine Geschichte in dem Drehbuch zu »Briefe an Gott«, das 2010 verfilmt wurde. Heute ist er als Drehbuchautor und Filmemacher tätig.
John Perry ist Werbefachmann, Radioproduzent und Autor mehrerer Bestseller. Insbesondere hat er sich einen Namen als Biograph bedeutender Persönlichkeiten gemacht.

Didaktische Grundgedanken

»Briefe an Gott« ist eine bewegende Geschichte, die den Leser mit in das aufgewühlte Leben der Familie nimmt. Die Auseinandersetzung mit Krankheit und Tod fordert heraus, aber »Briefe an Gott« zeigt einen Jungen, der im Vertrauen auf Gott seine Krankheit aushält und stirbt. Dabei spielt die Kommunikation mit Gott eine sehr große Rolle. Beten fällt nicht jedem leicht, was sowohl für den Vater Patrick als auch für Tyler der Grund war, Gebete aufzuschreiben.

Einzelne Briefe Tylers sind als Gesprächsgrundlage ebenfalls geeignet. Folgende Themen bieten sich an:

- *Kommunikation mit Gott*: Gebete und Briefe, bes. S. 65–70
- die Rolle des leidenden Gläubigen, bes. S. 179–181
- ›Krieger des Lichts‹, bes. S. 180
- *Theodizee und Hiob-Geschichte,* bes. S. 183–184
- Der Wert/die Unersetzbarkeit des Lebens, bes. S. 214–215
- Schuld, Veränderung, Glaube, bes. S. 222–228
- Vergebung, bes. S. 231
- Glaubensentwicklung, bes. S. 234

Der Film »Briefe an Gott« (2010) bietet die Möglichkeit, auf eine andere mediale Umsetzung im Unterricht zurückzugreifen.

2.8 Religionen

Catherine Clément:
Theos Reise. Roman über die Religionen der Welt. Frz. Orig. 1998.
Deutscher Taschenbuch Verlag: München 2001/2010
Seitenzahl: 720
Preis: 9,95 €

Ab Klasse 8/Fokus: Religion allgemein

Inhalt

Das Buch ist schon wegen des Umfangs von 720 Seiten nur in Auszügen oder als Buchvorstellung in den Unterricht zu integrieren und soll an dieser Stelle nur kurz vorgestellt werden. Theo ist ein an ägyptischen Göttern und griechischen Mythen interessierter Teenager. Als er lebensbedrohlich erkrankt, nimmt ihn seine Tante Marthe mit auf eine Weltreise zu den wichtigsten Schauplätzen und Zentren der Weltreligionen. Der Leser begegnet so bedeutenden Vertretern und Orten des Christentums, des Islam, des Buddhismus, des Konfuzianismus, des Schamanismus und vielem mehr. Theo stellt kluge, aber auch kritische Fragen, in denen der Leser sich wiederfindet. Die Religionen werden so in ihrem aktuellen politischen und gesellschaftlichen Kontext dargestellt, ihre geschichtliche Dimension wird aber ebenfalls berücksichtigt. Religiöse Erfahrungen in Ritualen, Gebeten und anderen religiösen Praktiken wirken in der Darstellung leider oft blass und wenig überzeugend. Dass Theos Krankheit auf magisch-mythische Weise verschwindet, steht am Ende des Romans.

Zur Autorin

Catherine Clément, geboren 1939, entstammt einer katholisch-jüdischen Familie. Sie studierte Philosophie und Psychologie an der Sorbonne, an der sie 14 Jahre als wissenschaftliche Assistentin lehrte. Danach arbeitete sie als Kulturredakteurin der Pariser Tageszeitung *Le Matin*. Nach 1982 ging sie für das französische Außenministerium als Kulturbotschafterin je für mehrere Jahre nach Indien, Österreich und in den Senegal und arbeitete danach als TV-Produzentin sowie Vizepräsidentin des Kultursenders *Arte*.

Didaktische Grundgedanken

Wie gesagt, bietet sich das Buch wegen seines Umfangs nicht als Klassenlektüre an, kann interessierten Schüler aber empfohlen werden. Auch als Grundlage eines (Gruppen-) Referats ist es durchaus geeignet, weil sich in der oben genannten Weise auch kritische Anfragen stellen und umfassende Informationen in erzählender Weise über die monotheistischen Religionen hinaus in ihrem kulturellen Kontext gegeben werden.

Christiane Thiel:
Mein Gott und ich.
Ein Roman über die Weltreligionen.
Arena Verlag: Würzburg 2009
Seitenzahl: 210
Preis: 9,95 €

Ab Klasse 7/Fokus: Religion allgemein

Inhalt

»Ich will wissen, ob Beten etwas nützen kann.«»Muss es Gott geben?«
»Warum hilft es nicht, wenn ich in die Kirche gehe?« »Ich will wissen,
ob andere auch beten.« »Ich will wissen, wie andere Religionen über
Gott denken und wie die das machen.«

Diese und viele andere Gründe geben Jugendliche der »Clique von
der Tischtennisplatte« in ihren Fragebögen an. Sie alle wollen den im
Internet ausgeschriebenen Wettbewerb »Denk weiter! Leb anders!«
gewinnen und dadurch die Gelegenheit bekommen, eine Woche in
einer der ausgewählten neun Familien unterschiedlicher Religionen
zu leben. Die Einen wollen damit ihren eigenen Familien entkommen,
die Anderen erhoffen sich, andere Religionen besser kennenzulernen
oder einen Weg zu ihrem persönlichen Glauben zu finden. Alle aber
suchen Antworten auf ihre Fragen, die sie schon lange beschäftigen
oder die aufkommen, indem sie sich mit dem Projekt näher befassen.

Diese Unterschiede und die vielfältigen Beweggründe, warum die
Cliquen-Mitglieder an dem Wettbewerb teilnehmen wollen, veran-
lassen die Gruppe von »Denk weiter! Leb anders!«, alle neun Jugendlichen gewinnen zu lassen. Jeder von ihnen bekommt eine Familie
zugewiesen, in der er eine Woche lang leben wird. Dort haben alle die
Aufgabe, jeden Tag über ihre Erlebnisse in den Familien zu berichten.
Dazu steht ihnen ein Blog zur Verfügung, in dem sie sich in Foren
miteinander austauschen können. Dieser Blog ist öffentlich zugänglich, sodass auch Andere lesen können, was die Jugendlichen in ihren
Gastfamilien erleben, was sie über deren Religionen erfahren, welche
Fragen sie beschäftigen, was sie fasziniert und woran sie zweifeln.

Durch das Buch zieht sich die Sorge aller um ihren Freund Igor. Auch das Organisationsteam von »Denk weiter! Leb anders!« macht sich Gedanken um den verschlossenen, zurückgezogenen und geheimnisvollen Jungen, der, so stellt es sich im Laufe des Buches heraus, Probleme mit seinem Vater hat, sehr unter dem schrecklichen Tod seiner Mutter leidet und sich in seiner neuen Heimat Deutschland isoliert und alleingelassen fühlt. Tagebuchähnliche Notizen des Jungen ermöglichen den Lesern einen Einblick in seine Gefühlswelt, die von Zweifeln, Ängsten, Wut und Trauer beherrscht wird. Die Leser erleben mit, wie sich die Emotionen des Jungen verändern, wie das Leben in der Gastfamilie auf ihn wirkt, welche neuen Fragen er hat und welche Wünsche sich für ihn erfüllen.

In ihrem Buch schafft es Christiane Thiel auf sensible und lebendige Art, sich den verschiedenen Religionen und deren kulturellem und sozialem Leben zu nähern und die Erlebnisse der Jugendlichen zu einem Eintauchen in neue Lebens- und Gedankenwelten werden zu lassen. Zudem werden soziale Missstände, Sorgen und Ängste der Jugendlichen sowie politische Fragen thematisiert und regen ebenfalls zum Nach- und Weiterdenken an.

»Mein Gott und ich« ist ein Jugendroman, der junge Menschen durch die Integration moderner Kommunikationsformen und aktueller religiöser, politischer und sozialer Fragen anspricht. Die Auswahl verschiedenster Schrift- und Textarten fördert die Anschaulichkeit; zahlreiche Randbemerkungen und Erläuterungen einzelner Begriffe sowie die vielen Perspektivwechsel machen das Buch lebendig.

Zur Autorin

Christiane Thiel wurde 1968 in Freiberg geboren. Nach ihrem Abitur zog sie nach Leipzig und studierte dort evangelische Theologie. 1997 wurde sie zur Pfarrerin der evangelisch-lutherischen Landeskirche Sachsen ordiniert. Da sie sich stets leidenschaftlich in der Jugendarbeit engagierte, wurde sie 2001 zur Jugendpfarrerin der Stadt Leipzig berufen.

Für ihr 2007 erschienenes Jugendbuch »Das Jahr, in dem ich 13einhalb war« erhielt sie im selben Jahr den Peter-Härtling-Preis für Kinder- und Jugendliteratur der Stadt Weinheim.

Didaktische Grundgedanken

»Mein Gott und ich« greift *aktuelle Fragen* vieler Jugendlicher zu unterschiedlichen Religionen und deren Kultur auf. Es stellt die *Grundsätze von Christentum, Judentum, Islam, Buddhismus und Hinduismus* auf ungewohnte und neue Art vor und führt in die unterschiedlichen Glaubensgruppen dieser Religionen ein. Das Buch bietet zahlreiche Anknüpfungspunkte zur *sachlichen Auseinandersetzung* mit Religionen, verdeutlicht aber auch, dass Religion häufig nur dann verstanden werden kann, wenn sie gelebt und nicht nur erklärt wird. Leser werden dazu ermutigt, nicht nur über diverse Medien Informationen über das Leben und Denken anderer Religionen und Kulturen zu erhalten, sondern in *»gelebte Religion«* einzutauchen. Die multikulturelle Gesellschaft, in der heutige Jugendliche aufwachsen, ermöglicht es, mehr Kontakte zu Andersdenkenden und Andersglaubenden herzustellen und somit *interreligiösen Dialog* zu praktizieren.

In vielen Facetten fordert das Buch dazu auf, den *Religionsunterricht lebendig werden zu lassen,* Orte des Lernens auf die Straße, in Familien, in den Austausch mit Menschen aus unterschiedlichen Zusammenhängen und hin zu Erfahrungsmöglichkeiten außerhalb des Schulgebäudes zu verlagern: *Ausflüge* zu unterschiedlichen Gotteshäusern, *Besuche* von Gemeinden, *Einladungen* von und *Interviews* mit Andersgläubigen etc. können zentrale Elemente der lebendigen Auseinandersetzung mit den Religionen nach dem Vorbild des Jugendbuches sein.

Zudem können die Schüler mit Hilfe der zahlreichen Fußnoten sowie der Angabe hilfreicher Internetadressen zu einzelnen Themen *vertiefend arbeiten, recherchieren und eigenen Fragen auf den Grund gehen.*

Im Mittelpunkt sollte das *Bewusstsein über die Vielfalt von Fragen und Antworten zur Religiosität* stehen. Die Schüler können sich mit den jugendlichen Protagonisten dieses Buches identifizieren und darüber erkennen, wie Antworten zu neuen Fragen führen können. Sie können erleben, wie bereichernd eine Auseinandersetzung mit der religiösen Vielfalt sein kann und welche Zugangsweisen es gibt, Antworten und neue Fragen zu finden.

Die Einbeziehung *moderner Kommunikationsformen* im Buch spricht die Jugendlichen an. Auch sie nutzen diese Wege des Austauschs häufig. Insofern ermutigt die Auseinandersetzung mit dem Buch dazu, z. B. eigene Internetforen oder Blogs und Homepages zu erstellen. Internetseiten, auf denen gemeinsam über Religionen, Glauben und Identität diskutiert werden kann, auf denen die Schüler Informationen sammeln und ordnen können, eröffnen einen neuen, die Jugendlichen ansprechenden Raum des Lernens und Arbeitens.

Eric-Emmanuel Schmitt:
Monsieur Ibrahim und die Blumen des Koran. Frz. Orig. 2001. Ammann Verlag: Zürich 2003. Neuauflage: Fischer Taschenbuch Verlag: Frankfurt/M. 2006/2012
Seitenzahl: 112
Preis: ab 7,00 €

Ab Klasse 9/Fokus: Rechtfertigung der Religion

Inhalt

Weil die Mutter die Familie angeblich zusammen mit dem älteren Bruder Popol verlassen hat, lebt der elfjährige jüdische Junge Moses allein mit seinem Vater, einem vergrämten Anwalt. Sie reden nicht viel (»zwei Sätze pro Tag«) und weil er unter der Woche auch viel allein ist, sucht Moses sich seine Beschäftigungen: Mit dem Ertrag des geschlachteten Sparschweins geht er z. B. zu einer Prostituierten, oft aber verbringt er die Zeit auch in dem bis unter die Decke vollgestopften Laden von Monsieur Ibrahim in der Rue Bleue, um dort für das Essen einzukaufen, das er kochen muss. Der Inhaber wird »der Araber« genannt, obwohl er Türke ist, gilt als weiser Mann und lebt seit mindestens vierzig Jahren in dieser jüdischen Straße in Paris. Monsieur Ibrahim lehrt Moses, den er Momo nennt, dass Höflichlichkeit nicht genügt; Freundlichkeit mit einem Lächeln zu zeigen, sei besser.

Bei einem Abendessen fragt Moses seinen Vater, ob er an Gott glaube, weil sie doch Juden seien. Der Vater antwortet verneinend und sagt, dass Judesein mit Gott nichts zu tun habe. »Jude zu sein bedeutet einfach, Erinnerungen zu haben. Schlechte Erinnerungen.«

Als der Vater seine Arbeit verliert, lässt auch er den Sohn mit
einem Abschiedsbrief allein zurück. Moses versucht, das Leben so wie
bisher fortzuführen: Er kauft für zwei Personen ein, fälscht Briefe und
Unterschriften. Das begehrteste Mädchen seiner Schule zu erobern,
ist sein oberstes Ziel. Um dem Jungen zu helfen, unternimmt Monsieur Ibrahim mit ihm eine Reise in die Normandie. Die beiden
ungleichen Freunde genießen die Natur und sprechen über Frauen,
die Liebe und auch über die großen Religionen, Judentum, Christentum und Islam. Nach ihrer Rückkehr überbringen Polizisten Moses
die Nachricht, dass sein Vater sich in der Nähe von Marseille vor
einen Zug geworfen hat. Als er die Leiche identifizieren soll, bekommt
Moses einen hysterischen Anfall. Wieder hilft ihm Monsieur Ibrahim,
indem er das Nötige veranlasst und die Tat des Vaters als Folge der
Vernichtung aller seiner Angehörigen im Nationalsozialismus erklärt:
»Er hat sich Vorwürfe gemacht, überlebt zu haben.«

Unmittelbar darauf taucht plötzlich Moses' Mutter auf. Er gibt
sich aber als ›Mohammed‹ aus und möchte nichts mit ihr zu tun
haben. In diesem Zusammenhang erfährt er, dass es den fiktiven
Bruder, den angeblichen Liebling des Vaters, nie gegeben hat.

Monsieur Ibrahim adoptiert Momo und möchte mit ihm in die
Türkei fahren. Dort will er ihm zeigen, wo er herkommt, und seinen Freund Abdullah wiedersehen. Auf der langen Reise, auf der sie
Kathedralen, Moscheen und Klöster besuchen und Moses sogar den
Tanz der Derwische erprobt, bittet er Momo eines Tages an einer
Stelle unter einem Olivenbaum zu warten, während er das Auto
nimmt, um seinen Freund Abdullah zu besuchen. Als Monsieur
Ibrahim um Mitternacht immer noch nicht zurückgekehrt ist, geht
Momo zu Fuß ins Dorf. Dort erfährt er, dass Monsieur Ibrahim
schwer verletzt in einer Krankenstation liegt, er war mit dem Auto
gegen eine Mauer gefahren.

Nach dem Tod seines Adoptivvaters trifft Moses sich mit Abdullah und kehrt dann per Anhalter zurück nach Paris. Er übernimmt
den Laden in der Rue Bleue.

Zum Autor

Der französische Autor Eric-Emmanuel Schmitt, geboren 1960,
arbeitet seit Beginn der neunziger Jahre als Romancier, Dramatiker

und Autor für Theater, Fernsehen und Film. Mit den »Blumen des Koran« und mit »Oskar und die Dame in Rosa« war er lange auf den Bestsellerlisten vertreten. 2004 wurde er für »Monsieur Ibrahim und die Blumen des Koran« mit dem Deutschen Bücherpreis ausgezeichnet.

Didaktische Grundgedanken

Monsieur Ibrahim ist es, der Moses trotz dessen Verfehlungen ohne Vorleistungen annimmt. Der junge Protagonist erfährt durch unterschiedlichste Verlusterfahrungen die ganze Härte des Schicksals und gibt trotzdem nicht auf. Mit Hilfe seines Ziehvaters überwindet er das Gefühl des Verlassenseins und kann sich selbst annehmen. Die gemeinsame Reise kann auch als Pilgerreise zu sich selbst verstanden werden. Hier erfahren beide, was Glauben als Ergriffensein vom Umbedingten, von der Liebe, bedeuten kann. Das *Motiv der Liebe* (körperliche, Vater-Sohn, Projektion auf den fiktiven Bruder, Liebe als handlungstreibende Kraft, religiöser Aspekt) durchzieht den Roman in allen seinen Facetten. Der Leser kommt bei der Lektüre zur Einsicht, dass *Glaube eine Lebensperspektive und eine gute Orientierung* schafft. Glaube bezieht sich aber nicht auf eine einzige Glaubenslehre. Die Botschaft, lieben zu lernen und in Liebe offen zu sein für die Bedürfnisse des Nächsten, ist das, was die *Lehre der Religionen* verbindet. In der bedingungslosen Liebe des Monsieur Ibrahim kann sich Moses symbolisch wie in der bedingungslosen Liebe Gottes getragen wissen und nach dessen Tod, sogar trotz der schweren Last seiner Erlebnisse als Kind und Jugendlicher, sein Erbe fortführen. Didaktisch lassen sich diese Aspekte der *brüchigen Identität, des Liebesmotivs, der Rechtfertigungslehre, des symbolischen Weges und der Lebensfreude* sinnvoll aufgreifen und fruchtbar machen.

Weiterführende Literatur

Jochen Ellerbrock und Silke Petersen-Bukob: Auf der Suche nach Rechtfertigung. »Monsieur Ibrahim und die Blumen des Koran« 8.-10. Schuljahr. In: Religion heute 3 (2006), 248–255

Shafique Keshavjee:
Der König, der Weise und der Narr.
Der große Wettstreit der Religionen.
Frz. Orig. 1998. Goldmann Verlag: München 2000
Seitenzahl: 288
Preis: 7,95 €

Ab Klasse 9/Fokus: Religionen

Inhalt

Das Buch nähert sich dem Thema in Form eines arabischen Märchens: Der König, der Weise und der Narr beschließen nach einem gemeinsamen von ihnen nicht zu deutenden Traumerlebnis, ihrem Volk, das zunehmend unzufrieden und übersättigt lebt, eine Religion zu verordnen, um ihnen bei der Suche nach dem Sinn des Lebens zu helfen.

Der König entscheidet, zur Auswahl der besten Religion ein Gipfeltreffen mit Vertretern der größten Religionen und einem Vertreter des Atheismus einzuberufen. In einer durch das Los bestimmten Reihenfolge soll jeder Teilnehmer den Gründer und die Basisüberzeugungen seiner Religion, die Haupttexte und ein wichtiges Gleichnis vorstellen.

Der Hauptteil des Buches besteht aus den Präsentationen von Doktor Christian Clément (Christ) aus der Schweiz, dem Rabbiner David Halevy aus Israel, dem Hindu Swami Krishnananda aus Indien, dem buddhistischen Mönch Rahula aus Sri Lanka, dem Muslim, Scheich und Imam Ali ben Ahmed aus Ägypten und dem Atheisten Professor Alain Tannier, der aus Frankreich kommt. Zur vertiefenden Information findet sich im Anhang noch eine zusammenfassende Darstellung der Religionen. Aufgelockert werden die für Schüler der Sek I anspruchsvollen und umfangreichen Essays durch diverse Nebenhandlungen: Da wird der Auftritt eines der Vertreter bewusst gestört, die Tochter des Muslims, Amina, wird in einem Drohbrief aufgefordert, züchtige Kleidung zu tragen. Sie wird in ihrem Zimmer tätlich angegriffen und vom Rabbiner gerettet, eine vergessene Kippa weist auf einen jüdischen Täter. Infolge dieser Begegnung verliebt der Rabbiner sich in die junge Frau.

Vor der Entscheidung im Finale darf jeder Vertreter noch einmal
in einer Minute den Kern seiner Überzeugungen zusammenfassen.
Dieser wird jeweils um zwei tragende Begriffe herum entfaltet: Der
Christ spricht von Gnade und Solidarität, der Rabbiner von Heilig-
keit und Treue, der Muslim von Barmherzigkeit und Gehorsam, der
Hindu von Freiheit und Unsterblichkeit, der Buddhist von Loslösung
und Mitgefühl und der Atheist von Komplexität und Humanität.

Leider kommt die Jury zu keinem eindeutigen Ergebnis, denn
jede Religion hat von einem der Mitglieder je eine Stimme bekommen. Nun soll der König das endgültige Urteil fällen. Doch als dieser
gerade den Gewinner verkünden möchte, hat er eine Eingebung, aus
der ihm deutlich wird, was er seinem Volk zu sagen hat: Es kann
keinen Gewinner geben, denn alle Beiträge waren interessant und
lehrreich. »Die Religion, die mir am geeignetsten erscheint, ist die
Religion, (...) die ich für mich persönlich wählen würde. (...) Gott
allein, wenn es ihn denn gibt, hat das Recht, die Goldmedaille zu
vergeben.« (242).

Dennoch beschließt der König – in moderner Applikation des
Toleranzgedankens der Lessingschen Ringparabel –, dass sich nach
vier Jahren alle wieder treffen sollen. Wer »bis dahin die größten
Anstrengungen unternommen hat, die Gläubigen der anderen Religionen wirklich zu verstehen und ihnen zu dienen«, der soll die
Silbermedaille verliehen bekommen. Denn diese Religion hat dann
den Beweis erbracht, dass sie »fähig ist, über sich selbst hinauszu-
wachsen, wirklich zu fühlen, was ihre Nächsten fühlen – ob Gläubige
oder Ungläubige – und ihnen Gutes zu tun.« Das sei dann ein Beweis
für das Wirken des Geistes.

Aber damit ist die Rahmenerzählung noch nicht abgeschlossen: Der Rabbiner wird – wie sich später herausstellt – von Hasan,
dem Sohn des Muslims, niedergestochen, weil er Aminas Wange
gestreichelt hat und das als unsittliche Berührung gilt. Hasan hasst
das Judentum, weil er es mit Zionismus und dem amerikanischen
Kapitalismus gleichsetzt. Dennoch kann er die Liebe zwischen dem
Rabbiner und der Muslima nicht unterbinden, und so endet die
Handlung für den Leser in Erwartung einer bireligiösen Verbindung,
vielleicht ebenso wie für den König mit dem Bedürfnis, »zu seinen
eigenen (religiösen) Wurzeln zurückzukehren« (255).

Zum Autor

Shafique Keshavjee wurde 1955 in Kenia als Sohn indisch-ismailitischer Eltern geboren. Die Familie lebte ab 1959 in England und der Schweiz. In den 1970er Jahren konvertierte Keshavjee zum Christentum. Er studierte Politikwissenschaften und Theologie in der Schweiz und promovierte über den bekannten Religionswissenschaftler Mircea Eliade. Shafique Keshavjee ist einer der Initiatoren der ökumenischen Begegnungsstätte L'Arzillier in Lausanne. Heute lehrt er evangelische Theologie an der Universität Genf.

Didaktische Grundgedanken

Durch die Lektüre der Ganzschrift können Schüler sich umfassend über die verschiedenen Religionen *Christentum, Judentum, Islam, Hinduismus, Buddhismus,* aber auch über den *Atheismus* informieren. Die Einbettung in eine spannende Erzählung hilft über die langen, stark informativen Teile hinweg. Eventuell kann jeweils eine Teilgruppe einen Vertreter übernehmen, sodass die Präsentation entlang der im Buch dargelegten Positionen in einer *Inszenierung des Wettstreits* im Klassenzimmer erfolgt. Es könnte auch zuerst gemeinsam mit den Schülern ein befriedigender Schluss gesucht werden, bevor der im Buch angebotene gelesen wird. Bereichernd für den Lehrenden sind, neben guten Einführungen gerade in die buddhistische und hinduistische Religion, die ausgewählten Gleichnisse aller Religionen.

Denkbar ist auch, die zu Beginn erbetene Positionierung der Leser von den Schülern erstellen zu lassen. Die in Aussicht gestellte Publikation (Vorwort/Nachwort) kann hier motivationsfördernd wirken, der Bitte des Königs nachzukommen.

Mirjam Pressler:
Nathan und seine Kinder.
Beltz & Gelberg Verlag: Weinheim.
2008/2011
Seitenzahl: 264
Preis: 8,95 €

Ab Klasse 10/Fokus: Zusammenleben
der Religionen, Jerusalem, Ringparabel:
Wahrheit der Religion

Inhalt

Nathan ist als Symbolfigur für religiöse Toleranz, Friedfertigkeit
und Vernunft seit Lessings Bühnenstück allseits bekannt. Presslers
Roman erzählt von diesem weisen Juden, der während der Zeit des
3. Kreuzzuges in Jerusalem lebt, dem umkämpften Schmelztiegel der
drei Religionen. Lessings Theaterstück wird aber nicht nacherzählt,
sondern Pressler setzt die Handlung wie einen Flickenteppich durch
einfühlsame Ich-Erzählungen verschiedener beteiligter Personen (je
eine pro Kapitel) zusammen:

- Recha, die Tochter des Juden Nathan, die mit ihren Gedanken
  und Gefühlen, wie Pressler selbst erläutert, im Vergleich zu Lessings etwas mehr in den Vordergrund gerückt wird,
- Daja, ihre christliche Gesellschafterin, die sich fragt, welche Religion man hat, wenn man als christlich getauftes Kind jüdisch
  erzogen wird,
- der Tempelritter, dessen Vergangenheit als Curd von Stauffen auf
  dem Kreuzzug nach Jerusalem entfaltet wird,
- Elijahu, der langjährige Verwalter Nathans, erzählt Nathans Hiob-
  ähnliche Vergangenheit,
- Al-Hafi, der Schatzmeister Saladins (des Herrschers von Jerusalem), beschreibt in Bildern aus dem Schachspiel Konstellationen
  der Akteure,
- Sittah, die Schwester Saladins, zeigt die Rolle der Frau am Palast
- Abu Hassan, ein Hauptmann Saladins, dem Saladin zu zögerlich
  gegen Juden und Christen agiert und der den Kampf gegen die
  anderen Religionen beschleunigen möchte, und

– Geschem, ein behinderter Waisenjunge, dem Nathan in seinem
   Haus eine Zukunft ermöglicht.

Sie alle erzählen subjektiv Teile ihrer Geschichte mit Nathan in Jerusalem, nur Nathan selbst kommt nicht zu Wort. Seine Geschichte
bleibt ein Konstrukt des Lesers aus den Geschichten der vielen Erzäh-
lerinnen und Erzähler.

Die Autorin hat sich dennoch »so weit wie möglich an Lessings
Vorgabe gehalten, schon um ihm meine Reverenz zu erweisen«, so
erläutert sie selbst im Nachwort (251). Darüber hinaus berühren aber
die Einzelschicksale, wie z. B. das des behinderten Jungen Geschem,
an dessen Person die Menschenfreundlichkeit Nathans anschaulich
gemacht wird, oder das des Hauptmanns, der als Repräsentant des
gewalttätigen fundamentalistischen Islam agiert.

Die Handlung ist bekannt: Sultan Saladin, der Jerusalem für die
Muslime eingenommen hat, ist bankrott, weil die erwarteten Schiffe
mit den Steuereinnahmen aus Ägypten Jerusalem nicht rechtzeitig
erreichen. Er wendet sich deshalb über einen gemeinsamen Freund
an Nathan. Dieser weiß aber, dass die Begegnung mit einem so grau-
samen Herrscher immer unwägbare Gefahren birgt. Bei dem Treffen
erzählt er auf die Frage nach der Wahrheit der Religionen, mit der
Saladin ihn eigentlich in die Enge treiben möchte, das bekannte
Gleichnis der Ringparabel und macht sich den gerührten Saladin
damit wider Erwarten zum Freund. Dennoch wird Nathan am Ende
von Presslers Geschichte ermordet. Für den Leser bleibt unklar, aus
welchen Motiven – religiösen, politischen oder pekuniären – und
von wem der Mord erfolgt.

In die Handlung um den Kaufmann Nathan, der immer wieder
anderen mit seinem Reichtum zu helfen versucht und moralisch
absolut integer bleibt, ist die Liebesgeschichte zwischen dem Tem-
pelherrn und Recha, der Tochter Nathans, eingebunden: eine fast
aussichtslose Beziehung zwischen einer Jüdin und einem Christen
in einer muslimisch regierten Stadt. Nur bei Presslers Vorlage, Lessings Nathan, klärt sich am Ende auf: Die beiden sind Geschwister,
Kinder des verstorbenen Bruders des Sultans. Ihre verschiedenen
Religionen entpuppen sich somit umso mehr als Gebilde des Zufalls.
Dieses Motiv übernimmt Pressler nicht.

Neben den Figuren werden aber auch die Stadt Jerusalem, die Kultur zur Zeit der Kreuzzüge, die sozialen Probleme und das literarisch so schwierig zu malende Zeitkolorit feinsinnig dargestellt. Das kann Jugendliche ansprechen, auch weil der moralische Zeigefinger an keiner Stelle erhoben wird. Eine Zeittafel, ein Bibelstellenregister und ein knappes, verständliches Glossar findet der interessierte Leser im Anhang.

Zur Autorin

Mirjam Pressler, geboren 1940 in Darmstadt, wuchs bei Pflegeeltern auf. Sie studierte an der Akademie für Bildende Künste in Frankfurt, danach Sprachen in München und lebte für ein Jahr in einem Kibbuz in Israel. Sie hat drei Kinder und fünf Enkelkinder. Heute lebt sie als Autorin und Übersetzerin in München. Ihre Bücher sind in großen Auflagen erschienen, eines,»Novemberkatzen«, wurde verfilmt, mehrere mit Preisen ausgezeichnet.

Didaktische Grundgedanken

Im Mittelpunkt des Romans steht wie auch bei Lessings Nathan der Traum vom Sieg der Vernunft über den religiösen Fanatismus.

Die von Pressler gewählten Figuren geben als Typen Themen vor, an denen entlang sich Religionsunterricht orientieren kann:

Nathan als Beispiel für den *weisen, toleranten Juden,* der trotz seiner furchtbaren Vergangenheit verzeiht und dennoch getötet wird. Die Gründe dafür (Raubmord, politische oder persönliche Motive) sind nicht eindeutig.

Seine Tochter Recha und deren *naiver Engelglaube* sowie deren Freundin, die junge Ehefrau und Mutter Lea, stehen für die Möglichkeiten und Schwierigkeiten von *Frauen in ihrer Religion und Kultur.*

An der Person des Adoptivjungen Geschem werden die Bedeutung und der *Symbolgehalt des Namens für Identitätsprozesse* deutlich.

Daja, die christliche Betreuerin Rechas, spricht über ihre *religiöse Sozialisation* durch ihre Großmutter am Beispiel des Gebets eher negativ. Davon ausgehend kann nach Erfahrungen mit religiösen Sozialisationprozessen gefragt werden.

An der Person des Hauptmanns kann das Problem des *religiösen Fundamentalismus* exemplarisch erarbeitet werden, kontrapunktisch dazu die Entwicklung des Tempelritters vom überzeugten Teilnehmer des *Kreuzzugs* zu einer Annäherung an den Juden Nathan.

Durchgängig spielt die *Stadt Jerusalem* als Schmelztiegel der drei monotheistischen Religionen eine wichtige Rolle.

Weiterführende Literatur

Mirjam Zimmermann: Mirjam Pressler, Nathan und seine Kinder. In: RAAbits 6/2012 (im Erscheinen)

Yann Martel:
Schiffbruch mit Tiger.
Engl. Orig. 2001. Fischer Taschenbuch-
verlag: Frankfurt/M. 2003/2011
Seitenzahl: 528
Preis: 10,00 €

Ab Klasse 11/Fokus: Weltreligionen,
Toleranz, Vernunft und Glaube,
Bibelverständnis

Inhalt

»Ich habe eine Geschichte, die Ihnen den Glauben an Gott geben wird.«

Mit diesem Satz wird der als Ich-Erzähler auftretende Autor von einem alten Herrn in der indischen Stadt Pondicherry auf die Geschichte des Piscine Molitor Patel, genannt Pi, aufmerksam gemacht. Im Folgenden erzählt der Zoologe und Religionswissenschaftler Pi dem Autor in seiner neuen Heimat Kanada seine abenteuerliche Geschichte.

Diese beginnt in eben jener Stadt Pondicherry, in der Pi als Sohn des Zoodirektors aufwächst. In der multireligiösen Gesellschaft Indiens wird Pi zunächst zum gläubigen Hindu, entdeckt mit 14 Jahren das Christentum und wenig später den Islam für sich. Ungeachtet des Unverständnisses seiner nichtreligiösen Familie und gegen den Widerstand des örtlichen Priesters, des Imam und des Pandit besteht Pi darauf, allen Religionen anzugehören, denn es geht ihm nur um eines: »Ich will doch nur Gott lieben«.

Pis Leben nimmt eine entscheidende Wendung, als seine Eltern sich entschließen, aufgrund der politischen Situation nach Kanada auszuwandern, mitsamt den Zootieren, die sie nicht schon in Indien verkaufen konnten. Während der Überfahrt sinkt das Schiff und Pi kann sich als einziger Mensch an Bord auf ein Rettungsboot retten. Mit im Boot sind ein Zebra, ein Orang-Utan, eine Hyäne und der bengalische Tiger Richard Parker. Um sich vor dem Tiger zu schützen, baut Pi sich ein kleines Floß, das hinter dem Rettungsboot schwimmt. Nachdem die Hyäne das Zebra und den Orang-Utan getötet hat, wird sie ihrerseits von Richard Parker getötet. Pi und der Tiger verbringen zusammen 227 Tage auf See. Es wird gezeigt, wie Pi sich in einem ständigen Überlebenskampf behauptet und eine Art Beziehung zu dem Tiger aufbaut, immer in ständiger Angst davor, eines Tages doch noch von diesem gefressen zu werden. Schließlich werden sie an der mexikanischen Küste an Land getrieben, wo Richard Parker für immer im Dschungel verschwindet.

Als Pi den japanischen Reedern, die das Schiffsunglück untersuchen, im Krankenhaus seine Geschichte erzählt, glauben diese ihm nicht und wollen die »wahre« Geschichte hören. Pi diskutiert mit ihnen zunächst darüber, was eine Geschichte denn überhaupt ›wahr‹ mache und warum sie nur das als vernünftig ansähen, woran sie leicht glauben könnten. Wenn sie nur eine Geschichte hören wollten, die das bestätige, was sie schon kennen, könne er ihnen auch eine andere erzählen. So erzählt Pi eine alternative kurze Version, in der er statt mit den Tieren mit dem Schiffskoch, seiner Mutter und einem verletzten Matrosen im Rettungsboot sitzt. Der Koch tötet erst den Matrosen, dann Pis Mutter und wird schließlich von Pi getötet. Doch auch diese Version hilft den japanischen Reedern bei der Ursachensuche nicht weiter und klingt ebenso unglaubwürdig.

Pi fragt sie nun, welche die schönere Geschichte sei. Die Antwort ist klar: Die mit den Tieren. Pi antwortet, so sei es auch mit Gott.

»Jede Minute meiner Reise bin ich vernünftig gewesen. Die Vernunft ist ein ausgezeichnetes Mittel, mit dem man Nahrung, Kleidung, Unterkunft bekommt (…) Mit nichts kann man sich so gut einen Tiger vom Hals halten. Aber übertreiben Sie es mit der Vernunft, und Sie schütten das ganze Universum mit dem Bade aus.«

Zum Autor

Yann Martel ist Kanadier und wurde 1963 geboren. Er studierte Philosophie und wurde nach seinem Studienabschluss Schriftsteller. Mit »Schiffbruch mit Tiger« (engl. »The life of Pi«) gelang ihm 2001 sein bisher erfolgreichstes Werk, für das er den renommierten Booker Prize, den wichtigsten britischen Literaturpreis, erhielt. Für den Roman betrieb er ausführliche Recherchen; so bereiste er vorher ein halbes Jahr Indien, besuchte Moscheen, Tempel und Kirchen sowie zoologische Gärten und beschäftigte sich ein Jahr lang mit religiösen Texten von Schiffbrüchigen.

Didaktische Grundgedanken

Der Roman ist sehr vielschichtig und auf mehreren Ebenen interpretierbar. Zunächst ist er eine fesselnde Abenteuergeschichte, die den Leser in den Bann zieht. Am Ende der Lektüre bleibt aber auch dieser im Unklaren, welche der beiden Geschichten nun die wahre ist – beide klingen eher unwahrscheinlich. Doch das sei auch nicht wichtig, da das Ergebnis stets das gleiche wäre, so die Aussage Pis.

Damit bietet die Geschichte eine neue Version von Lessings Ringparabel und die Antwort auf die *Frage nach der wahren Religion*. Diese wird aber auf den *Hinduismus* erweitert, über den man bei der Lektüre einiges erfährt. Daher eignet sich der Roman für die Themenbereiche *Weltreligionen* und *Toleranz zwischen den Religionen*. Außerdem regt er zum Nachdenken über das *Verhältnis von Vernunft und Glauben bzw. Naturwissenschaft und Religion* an, welche für den Zoologen und Religionswissenschaftler Pi beide nebeneinander ihre Berechtigung als Weltdeutung haben. Auch zum Thema *Bibelverständnis* bietet der Roman unterschiedliche Aspekte an, da er z. B. die Frage des *Verhältnisses zwischen Wahrheit und (historischer) Wirklichkeit* aufwirft. Der Autor »lässt uns die Wahl, ob wir ihm ohne Referenzzwang einfach in die fantastische Welt der Sprache folgen, ob wir bei der Symbolik bleiben wollen oder den Dingen ihren realen Kern abzutrotzen versuchen.«[20]

---

20 Ulrich Sonnenschein: Martel, Schiffbruch mit Tiger. Frankfurter Rundschau vom 8.3.2003. Unter http://www.perlentaucher.de/buch/13125.html. (Zugriff am 10.2.2012)

Vorgeworfen wurde Martels Form, sich mit Religion auseinanderzusetzen, eine leere »postmoderne Remix-Religiosität«[21] zu präsen-
tieren, bzw. den »Kuscheltierfriedens« zwischen Tier und Mensch
gleich noch auf die Religionen auszuweiten.[22]
   Der Film zum Buch erscheint mit gleichem Titel Ende 2012.

Noemi Staszewski:
Mona und der alte Mann.
Das Kinderbuch zum Judentum.
Patmos Verlag: Ostfildern 1996/2008
Seitenzahl: 120
Preis: 14,90 €

Ab Klasse 3/Fokus: Judentum

Inhalt

Die zwölfjährige Mona lernt zufällig den netten alten Herrn Joel
Schwarz, einen Juden, kennen, der ihr die Welt des Judentums eröffnet. Im Verlauf eines Jahres erlebt sie mit ihm und seiner Familie viele
jüdische Feiertage, lernt Sitten und Bräuche kennen und beginnt,
Ähnlichkeiten zwischen der jüdischen und der christlichen Religion
sowie ihre Unterschiede zu begreifen. So werden wichtige Themen
und Begriffe des jüdischen Lebens erklärt, z. B. dass Essen koscher
sein kann und wie man eine Laubhütte baut.
   Das Buch bietet aber nicht nur die Erzählung, sondern erklärt
auf Extraseiten viele für diese Altergruppe wichtige Themen des
Judentums auf verständliche Art und Weise. Fotos und Illustrationen von Ami Blumenthal ergänzen und veranschaulichen die
Sachaspekte.

---

21 »die sich an allem bedient, ohne Rücksicht auf Kontext, Tradition oder
    tieferen Sinn« Ilija Trojanow, Martel, Schiffbruch mit Tiger. Neue Zürcher
    Zeitung, 20. Februar 2003.
22 Iris Radisch: Martel, Schiffbruch mit Tiger. Die Zeit vom 27.2.2003.

Zur Autorin

Geboren 1954 in Berlin, studierte Noemi Staszewski Islamwissenschaften, Judaistik, Sozialpädagogik und Psychologie. Heute ist sie Leiterin des psychosozialen Zentrums der ZWST (Zentralwohlfahrtsstelle der Juden in Deutschland) für Überlebende der Shoa und ihre Familien in Frankfurt a. M. Sie ist verheiratet und hat vier Kinder.

Didaktische Grundgedanken

Da das Buch durch seine Einteilung in Kapitel, in denen jeweils meist ein Besuch mit einem theologisch wichtigen Thema oder Fest verbunden ist, schon in sich didaktisch aufbereitet ist, lassen sich auch einzelne Kapitel problemlos verwenden, ohne dass eine Lektüre der Ganzschrift notwendig ist.

    Thematisiert werden jüdische *Feste und Bräuche,* einige Aspekte der *Geschichte* und der *jüdische Kalender.* Die Handlung über diese fachliche Thematik hinaus hat wenig Eigengewicht.

Barbara Honigmann:
Soharas Reise.
Rowohlt Verlag: Berlin 1998.
Neuauflage: Deutscher Taschenbuch Verlag:
München 2010
Seitenzahl: 128
Preis: 8,90 €

Ab Klasse 9/Fokus: Judentum,
Kindesentführung

Inhalt

Die Erzählung beginnt damit, dass Sohara ihrer Nachbarin, Frau Khan, berichtet, dass ihr Mann Simon mit ihren sechs Kindern abgehauen sei. Sie erinnert sich an die Zeit, als sie mit ihrer Schwester und ihrer Mutter aus Algerien flüchten musste und in Amiens in Frankreich ankam. In Amiens lernte Sohara Simon, einen Rabbiner aus Marokko, kennen. Da Simon immer viel durch die Gegend reiste, zog die Familie häufiger um. So war Sohara mit ihrer Familie schließlich nach Straßburg gekommen.

Doch Simon veränderte sich, und nach und nach verstand Sohara
ihren Mann immer weniger: Er las nur noch in den Heiligen Schriften
und sie konnte ihm nichts mehr recht machen. Eines Tages über-
raschte er Sohara damit, dass sie alle zusammen in die Ferien fahren
sollten. Als Sohara aber noch einmal zurück nach Hause musste, weil
sie etwas vergessen hatte, und dann zurück zum Bahnhof kam, war
Simon mit den Kindern spurlos verschwunden. Er rief noch einmal
an und sagte, sie solle nach Hause gehen. Das tat sie auch.

Sohara verkriecht sich nun in der Wohnung und denkt an all
diese Ereignisse. Mit Ausnahme von Frau Khan will sie niemandem
erzählen, was passiert ist. Sie wartet auf ein Lebenszeichen ihrer Kinder. Als dann Frau Khan an ihrer Tür klingelt und erzählt, Simon
habe ihr einen Brief geschickt, er sei in Argentinien und würde mit
den Kindern dort für immer bleiben wollen, ist das der Wendepunkt
der Handlung. Sohara will ihre Kinder wieder zurück haben, also
wendet sie sich an den Rabbiner Hagenau, der noch nie viel von
Simon gehalten hat.

Er nimmt mit allen möglichen Rabbinern in Argentinien und
in Europa Kontakt auf, um Simon zu finden. Als Hagenau Simons
Aufenthaltsort (London) herausgefunden hat, fährt er Sohara umge-
hend zum Flughafen und erzählt, was er noch über ihren Mann
weiß: Simon ist »ein Betrüger, der einem aufklärerischen Pamphlet
entsprungen sein könnte: ein frömmelnder Heuchler, ein Pseudo-
Rabbiner, der angeblich wohltätig Geld für Talmudschulen sammelt
und es in Wahrheit in die eigene Tasche steckt, und nun auch noch
ein Kidnapper.«[23] Für Sohara bestätigt sich damit ein Verdacht, den
sie schon lange hatte. Sofort fliegt sie nach London und holt ihre
Kinder zurück. Wieder in Straßburg angekommen, werden alle von
Freunden und Bekannten willkommen geheißen. Soharas Reise endet
mit der trauten Abendszene, in der die Mutter von ihren Kindern
ans Bett gerufen wird.

---

23 Vgl. Der Spiegel 35 (1996) zit. nach
http://www.spiegel.de/kultur/literatur/0,1518,82008,00.html

Zur Autorin

Barbara Honigmann wurde 1949 in Ostberlin geboren und ist die Tochter von jüdischen ›Remigranten‹, die nach 1945 einen Neuanfang in Deutschland wagten. Sie arbeitete als Dramaturgin und Regisseurin. 1984 zog sie mit ihrer Familie nach Straßburg. Barbara Honigmann gehört gemeinsam mit Maxim Biller, Rafael Seligmann, Esther Dischereit und weiteren Autoren zur Deutsch schreibenden »zweiten Generation« von jüdischen Familien, die den Holocaust überlebt haben.

Didaktische Grundgedanken

»Sohara ist eine der liebenswertesten Figuren, denen in letzter Zeit der Odem der Literatur eingehaucht wurde. (…) Eine *gottesfürchtige Frau* mit Mutterwitz, die sich von keinem Mißgeschick unterkriegen läßt, kombiniert sie *Aberglauben* mit praktischer Vernunft und verfügt obendrein über einen gehörigen Schuß Selbstironie (…) Religionswissenschaftler lesen ja keine Belletristik, sonst würden sie staunen, wie subtil und entschieden hier eine *praktizierende Jüdin* gegen den *Fundamentalismus* anschreibt.«[24]

Die Erzählung gibt dem Leser die Möglichkeit genauer zu ergründen, wie der *Zusammenhalt in einer jüdischen Gemeinde* funktioniert. Dies wird am Beispiel der »Tora Connection« vorgeführt: Sie verbindet Rabbiner aus aller Herren Länder und hat hier den Zweck, die sechs Kinder der Protagonistin aufzuspüren.

Sohara ist wegen des Algerienkrieges nach Frankreich gekommen. Dieser Aspekt könnte dazu dienen, den geschichtlichen Hintergrund zu beleuchten und herauszufinden, wohin die »pieds noirs« geflohen sind und inwiefern *religiöse Gründe Flucht und Integration erschwert* haben. Hier bieten sich Übertragungsmöglichkeiten auf aktuelle Konflikte an.

Auch das Thema *Kindesentführung* könnte besprochen werden. Oft wird Kindesentführung ja muslimischen Ehemännern zugeschrieben, obwohl es – wie in der Erzählung – auch jüdische und auch christlich-fundamentalistische Beispiele gibt.

---

24 Ebd.

Franjo Terhart:
Halbmond und Sonne.
Eine Liebe im Islam.
Edition Hamouda: Leipzig 2007
Seitenzahl:175
Preis: 9,90 €

Ab Klasse 7/Fokus: Religion Islam

Inhalt

Professor Udo Riemer, ein bedeutender Archäologe für den Vorderen Orient, und seine sechzehnjährige Tochter Nicola sind zu einer islamischen Hochzeit in Jerusalem eingeladen. Nicola ist wenig begeistert von der Reise. Sie wäre im Sommer lieber nach Ibiza gefahren, wie ihre Freunde. In den deutschen Nachrichten hat sie von dem anhaltenden blutigen Krieg zwischen Moslems und Juden und von den zahlreichen Anschlägen und Opfern gehört, sodass selbst die Begeisterung des Vaters für das Heilige Land und dessen Geschichte ihre Skepsis und ihr Unbehagen nicht lindern kann.

Doch das scheint sich schnell zu ändern, als sie Mohammed, den Sohn eines palästinensischen Archäologen, kennenlernt. Dieser lädt sie ein, ihr die Stadt, ihre Menschen und die Umgebung zu zeigen. Gemeinsam mit seinen Freunden lernt Nicola Land und Leute näher kennen und erfährt viel über seine Religion – den Islam. Schnell ist sie fasziniert von Mohammeds charmanter und offener Art und zeigt immer mehr Interesse an seinem Leben als Moslem und dem seiner Mitmenschen.

Durch einem Besuch bei seiner Familie lernt Nicola den jüngeren Bruder Sayed kennen. Dieser ist zurückhaltender und wirkt auf Nicola verschlossen und etwas geheimnisvoll.

Während eines Aufenthaltes in Tel Aviv erfahren Nicola, Mohammed und seine Freunde von einem palästinensischen Selbstmordanschlag. Nicola entdeckt, dass Sayed Kontakte zu Terroristenkreisen hat, und ist unsicher, wie sie sich verhalten soll. Plötzlich bekommt sie Angst, dass Sayed auch weitere Anschläge planen könnte und beschließt, sich mit ihm zu treffen und ihn davon abzuhalten.

Während ihrer Zeit in Jerusalem lernt Nicola, sich mit dem religiösen und politischen Leben und Denken hauptsächlich der palästinensischen Bevölkerung auseinanderzusetzen. Die ständige Präsenz von Selbstmordattentaten und Terrorakten im Namen der Religion machen Nicola Angst. Ihrem Freund Mohammed gelingt es jedoch, ihr Interesse und ihre Faszination für die Geschichte und Archäologie seines Landes zu wecken und ihr die Vielfalt seines Glaubens näher zu bringen.

Zum Autor

Franjo Terhart, geboren 1954 in Essen, studierte in Bochum und war mehrere Jahre als Oberstufenlehrer für Latein und Philosophie tätig. Seit 1991 ist Terhart freiberuflicher Kulturbeauftragter der Stadt Neukirchen-Vluyn und veröffentlichte zahlreiche historische Romane für Kinder und Jugendliche sowie überwiegend religionshistorische Sachbücher.

Didaktische Grundgedanken

Terharts »Halbmond und Sonne« bietet sich als Grundlage für eine Auseinandersetzung mit dem *politischen und religiösen System im Nahen Osten* einerseits und mit den *zentralen Themen des Islams* andererseits an. So wie die Protagonistin sind die Schüler mit beiden Schwerpunkten gleichermaßen konfrontiert und erleben die *Nähe* und Verbindung zwischen *persönlichem Glauben und religiösen und gesellschaftlich-kulturell geprägten Strukturen.*

Der Roman führt die Schüler an die *Geschichte und Archäologie des Landes* heran. Eine intensivere Auseinandersetzung mit bedeutenden Orten wie dem Tempelberg, der Klagemauer, der Al Aqsa-Moschee und Qumran u. a. kann erfolgen, sowie die eingehende Analyse der Bedeutung und Funktion der Archäologie in Ländern wie Israel.

Terhart bietet den Schülern mit seinem Buch die Gelegenheit, die Bedeutung und Funktion von Selbstmordattentaten in dem »Heiligen Land« kritisch zu hinterfragen. Politisches Interesse wird geweckt, indem sie sich kritisch mit der Situation des Staates auseinander setzen und z. B. weitere »Erlebnisberichte« sammeln. Letztlich ist das Buch auch als eine Einführung in die *Religion und Glaubenswelt des Islam* zu sehen. Den Lesern werden hier grundlegende Begriffe des muslimischen Glaubens vorgestellt, anhand derer das eigene Wissen über die Religion (auch im Vergleich zum Christentum) vertieft werden kann.

Ulli Olvedi:
Wie in einem Traum.
Barth Verlag: Bern/München/Wien 1998.
Neuauflage: Knaur Verlag: München 2011
Seitenzahl: 320
Preis: 8,99 €

Ab Klasse 8/Fokus: Religion Buddismus, Kloster

Inhalt

Maili, die Protagonistin des Romans, lebt zu Beginn der Handlung in einem kleinen Bergdorf in Nepal. Als ihre Eltern und ihr Bruder grausam sterben und sie fast durch den für sie bestimmten Bräutigam vergewaltigt wird, flieht sie und macht sich zu einem tibetisch-buddhistischen Kloster auf. Der Weg dorthin ist strapaziös und gefährlich: lange Fußmärsche, eine Fahrt im überfüllten Bus, ein Überfall durch nepalesische Grenzsoldaten, die die Businsassen ausrauben und gegen Kopfgeld an die chinesische Seite ausliefern. Hier werden die politische Situation Tibets und ihre Auswirkungen auf die Menschen literarisch eindrucksvoll nachgezeichnet. Dennoch erreicht Maili Kathmandu und wird überrollt von dem unbekannten Stadtleben und dessen sozialen Problemen.

Maili findet Aufnahme im Kloster. Im Verlauf der weiteren Handlung wird Mailis persönliche und spirituelle Entwicklung beschrieben, eingewoben darin ist die Liebesgeschichte mit dem jungen Mönch Sönam. Das Leben in einem exiltibetischen Kloster und dessen naher Umgebung, z. B. Ausflüge in die Stadt, werden authentisch geschildert. Maili möchte die Lehren des Buddha kennenlernen und damit eine Antwort auf ihre Frage finden, wie die Erfahrung des Leidens zu überwinden sei. In dem geschilderten Klosterleben begegnet man beeindruckenden Menschen, nimmt aber auch teil am Ärger Mailis über ihre schlecht gelaunte Zimmergenossin. Nonnen und Mönche werden nicht als spirituell entrückte Heilige dargestellt, sondern es entsteht ein differenziertes Bild.

Zur Autorin

Ulli Olvedi (geb. 1942) ist Dokumentarfilmautorin und Wissenschaftsjournalistin. Selbst seit über 40 Jahren praktizierende Buddhistin, lebt sie abwechselnd in München und Nepal, in einem Nonnenkloster in Kathmandu. Sie arbeitet heute überwiegend als Sachbuch- und Romanautorin.

Didaktische Grundgedanken

Zusammen mit Maili werden die Lesenden in die *buddhistischen Lehren* eingeführt. Durch diese Art der Darstellung umgeht Olvedi die Gefahr der Idealisierung und Mystifizierung der buddhistischen Lehre, denn auch Maili leuchtet vieles nicht unmittelbar ein, und sie teilt ihre Anfragen und ihr Unverständnis mit den Lesern, z. B. über die *Ungerechtigkeit der Welt* (S. 83 f.). Dennoch werden – für westliche Nicht-Buddhisten – rätselhafte Erlebnisse dargestellt und in ihrer Fremdheit stehen gelassen (Umgang mit Mantra S. 101, trance-ähnliche Erfahrung S. 255). So lebt das Buch nicht nur von fachlichen Informationen, sondern ebenso von der Faszination des Geheimnisvollen.

Auch das Problem der *Wirkung von Ausländern auf die Nepalesen* spielt eine Rolle und kann als Basis der Reflexion über das Verhalten von Touristen herangezogen werden (zur Kleiderfrage z. B. S. 105).

Weiterführende Literatur

Angela Volkmann: Wie in einem Traum. Begegnung mit dem Buddhismus anhand eines Jugendromans. In: forum religion 1 (2004), 21–25

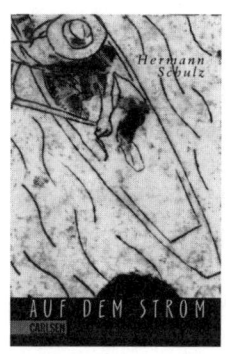

Hermann Schulz:
Auf dem Strom.
Carlsen Verlag: Hamburg 1998/2012
Seitenzahl: 140
Preis: 6,95 €

Ab Klasse 8/Fokus: Naturreligion/Mission

Inhalt

Auf Bitte von König Usimbi macht sich der Missionar Friedrich Ganse für einen Delinquenten stark, der wegen der Entweihung der britischen Flagge zur Todesstrafe verurteilt werden soll. Der symbolische Protestakt gegen die britische Kolonialmacht im heutigen Tansania hätte im Jahre 1935 fast zur Todesstrafe geführt und bildet den Auftakt des Romans.

Als der Missionar Friedrich Ganse heimkehrt, findet er seine Frau Eva tot, an einem tropischen Fieber gestorben, und seine Tochter Gertrud lebensgefährlich erkrankt. Einheimische haben sich während seiner Abwesenheit in der ihnen gemäßen Weise um die beiden gekümmert und verschiedene magische Praktiken angewendet. Wutverzerrt herrscht er sie an: »Wer hat euch erlaubt, mit eurem verfluchten Zauber- und Teufelskram hier ins Haus einzudringen?«

Nun muss er schnell handeln, denn nur eine Bootsfahrt von fünf Tagesreisen den Fluss hinunter (»auf dem Strom«) zum Hospital kann seiner Tochter das Leben retten. Die Schwarzen im Dorf der Missionsstation haben ihm ein einfaches Boot und Proviant bereitgestellt. In den nächsten fünf Tagen rudert er nun mit Gertrud stromabwärts, um sie in das europäische Krankenhaus zu bringen, das er früher schon einmal besucht hat. In seiner Panik und wegen des eiligen Aufbruchs hat Friedrich Ganse sogar seine Bibel und das Geld vergessen. Unterwegs macht er, von einem afrikanischen Dorf ans nächste weitervermittelt, an verschiedenen Stellen Station. Immer werden Gertrud und Friedrich freundlich aufgenommen. Ohne dass Ganse die lokalen Sprachen versteht, verständigt man sich notdürftig, und Vater und Tochter werden mit allem Notwendigen versorgt. So reisen die beiden fünf Tage auf dem Strom, der brennenden Hitze und den tropischen Gewittern ausgesetzt, in Gefahr vor Krokodilen und reißenden Stromschnellen und immer angewiesen auf die Hilfe der Schwarzen in den Dörfern.

Die Kleine erhält traditionelle medizinische Hilfe von den Einheimischen. Obgleich Ganse deren Behandlungspraktiken (zum Beispiel in Form von getrockneten Hahnenfüßen) eher kritisch gegenübersteht, lässt er die Medizinmänner und -frauen gewähren.

Goldschmitt, ein Geologe, der mit einer Afrikanerin verheiratet ist und versucht, seine Kinder zu ›guten Europäern‹ zu erziehen, gibt Ganse den Rat, mit seiner Tochter zu sprechen, obwohl diese scheinbar nicht ansprechbar ist. Ganz langsam geht es Gertrud besser. Die Kräuterbäder und heimischen Zaubertränke scheinen zu helfen, aber Ganse spürt, dass zur Genesung auch die Gespräche zwischen Vater und Tochter viel beitragen. Endlich hat der Vater Zeit, von seinem früheren Leben zu erzählen, z. B. wie es dazu kam, dass er Missionar geworden ist.

Als sie am Ort des Krankenhauses ankommen, ist Gertrud gesund, das Krankenhaus allerdings existiert nicht mehr und Ganse sieht ein, dass seine Missionsarbeit in manchen Aspekten unnötig ist. Sein Widerstand gegen die afrikanische Kultur verebbt, er fühlt, dass fernab der westlichen Kultur andere Regeln gelten und gibt seinen Anspruch, in Afrika zu europäisieren und zu missionieren, auf.

Zum Autor

Geboren 1938 in Nkalinzi, Ostafrika, verbrachte Hermann Schulz seine Kindheit und Jugend in Moers-Repelen. Nach einer Buchhändlerlehre in Neukirchen-Vluyn arbeitete er im Bergbau und bereiste u. a. Südamerika, Afrika und den Vorderen Orient. Von 1967 bis 2001 leitete Hermann Schulz den Peter Hammer Verlag in Wuppertal. Für das Werk »Auf dem Strom« erhielt er 2003 den Deutschen Jugendliteraturpreis und den japanischen Jugendliteraturpreis.

Didaktische Grundgedanken

Dem Autor gelingt es weitgehend vorurteilsfrei die Situation in Afrika um 1935 darzustellen. Dank der klaren bildhaften Sprache wird *Afrika* mit seinen Menschen, seinen Dörfern und seiner Kultur lebendig. Darüber hinaus thematisiert Schulz die *Vater-Tochter-Beziehung*, das Thema des *Umgangs mit dem Tod* in europäischer und afrikanischer Tradition, Probleme des *Kolonialismus* und Chancen und Grenzen von europäischer Medizin.

Das Problem der *Berechtigung von Missionierung* stellt sich nach Lektüre des gesamten Buches, denn als Fazit erscheint, dass der einheimische »Zauber«, die Rituale und das bodenständige Wissen der Afrikaner dem »weißen Hokuspokus« (Medizin, Religion) zumindest ebenbürtig, wenn nicht gar überlegen sind. Durch die Umstände gezwungen – den Tod der Frau, die Krankheit der Tochter, den intensiven Kontakt mit der Naturreligion der Stämme als Hilfesuchender und nicht als ›überlegener‹ Europäer – verändert sich etwas in Ganse und steckt den Leser an.

Nortrud Boge-Erli:
Satans rote Augen.
Thienemann Verlag: Stuttgart/Wien 1995.
Neuauflage: Carlsen Verlag: Hamburg 2005
Seitenzahl: 157
Preis: 5,95 €

Ab Klasse 9/Fokus: Satanskult

Inhalt

Die achtzehnjährige Sibyl scheint immer noch mitten in den Krisen der Pubertät zu stecken. Ständig hat sie Auseinandersetzungen mit ihrem cholerischen Vater, in ihrer Klasse ist sie eher eine Außenseiterin, sie hat Alkoholprobleme und aus Verzweiflung versucht sie sogar, sich das Leben zu nehmen.

All das ändert sich, als sie sich einer Clique anschließt, die den Satan verehrt. Durch Christoph Grams, den sie auf einer Party kennengelernt hat und dessen Wildheit und Fremdheit sie faszinieren, wird sie in okkulte Praktiken, wie z. B. Gläserrücken, eingeführt. Durch das gemeinsame Hören von Heavy-Metal-Musik und das

Lesen der Schriften von Aleister Crowley (»Tue, was du willst, ist das ganze Gesetz«) wird ihr der Satanismus näher gebracht. In dieser Gruppe bekommt sie nun die Anerkennung, die ihr bisher verwehrt blieb, aber sie verstrickt sich immer tiefer in ein Netz aus Faszination und Abscheu, Macht- und Ohnmachtsgefühlen. Vor allem wächst ihre Angst vor dem Satan, dessen rote Augen und dessen Stimme ihr häufig begegnen, ins Krankhafte. Bei einem okkulten Treffen entgleitet die Situation, und nach der Opferung eines Meerschweinchens wird Sibyl selbst zum Opfer einer Vergewaltigung durch Mitglieder der eigenen Gruppe. Sie fällt daraufhin in eine Ohnmacht, aus der sie mit Halluzinationen und Schreikrämpfen erwacht.

In dieser Situation können ihr weder ihr Vater (mit Gewalt, durch den Zwang zum Besuch der Maiandacht und Einsperren) noch ihr Schulfreund Michael (durch Verständnis und Zuneigung) helfen. Sibyl unternimmt ›auf Geheiß des Satans‹ einen zweiten Selbstmordversuch.

Als Hilfsangebot für einen Ausstieg organisiert Michael, der sich zeitweise auch für Sibyl als Frau interessiert, die Teilnahme an einer christlichen Jugendfreizeit. Die Gesellschaft mit verständnisvollen Jugendlichen tut ihr gut, ihre Alkoholsucht bessert sich, aber von den Gottesdiensten bleibt sie fern, weil sie Angst hat, vom Satan bestraft zu werden.

Aus Liebe zu Christoph nimmt sie dennoch an einer weiteren Satansparty teil, dabei wird sie zwangweise mit einem Drudenfuß tätowiert. Dieses Erlebnis und die sich zuspitzenden Probleme mit ihren Freunden und Eltern führen zu einem weiteren Selbstmordversuch, nach dem Sibyl zwangsweise in eine Klinik eingewiesen wird. Dort ist die Beeinflussung durch andere Sektenabhängige aber eine zusätzliche Schwierigkeit. Der Weg in die Normalität ist für Sibyl alles andere als leicht.

Zum Schluss wird ein Besuch Michaels bei Sibyl auf dem St. Wendelinshof beschrieben.

Zur Autorin

Nortrud Boge-Erli, geb. 1943 in Pecs (Ungarn), aufgewachsen in Ravensburg, lebt heute bei Düsseldorf. Sie studierte Germanistik,

Kunstgeschichte und Pädagogik. Danach arbeitete sie als Lehrerin und war in der Jugendarbeit tätig. Seit vielen Jahren schreibt sie Kinder- und Jugendbücher, aber auch Liedtexte und Kurzgeschichten.

Didaktische Grundgedanken

Dieses Buch wurde in die Sammlung aufgenommen, weil es häufig im Religionsunterricht der 9. und 10. Klassen gelesen wird. Zu kritisieren ist allerdings, dass hier viele Klischees des Satanismus in teilweise sehr oberflächlicher Weise bedient werden. Dennoch gibt das Buch einen für Jugendliche interessanten Einblick in *Lebensumstände von Satanisten* und *die Gefahren des Satanismus,* dessen *Musikrichtungen* (Heavy Metal), die zugrunde liegenden *satanistischen Schriften* (z. B. Aleister Crowley) und mögliche *okkulte Praktiken.*

Darüber hinaus können folgende Themen anhand der Lektüre Gegenstand des Unterrichts sein:
- (autoritäre) Erziehungsmethoden
- Beziehungsprobleme
- Gruppendruck
- die Gestalt des Satans (in der Bibel)
- *soziale Aufgaben christlicher Gemeinden*

Weiterführende Literatur

Katrin Manz und Inga Dwenger: Carlsen in der Schule. Ideen für den Unterricht Band 6. Hamburg 2007

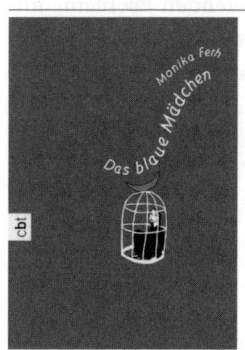

Monika Feth:
Das blaue Mädchen.
Bertelsmann Verlag: München 2001.
Neuauflage: cbj-Taschenbuch Verlagsgruppe Random House: München 2005
Seitenzahl: 256
Preis: 6,90 €

Ab Klasse 7/Fokus: Sekten

Inhalt[25]

Monika Feth führt in dem Buch »Das blaue Mädchen« Schritt für Schritt in ein fiktives Sektenleben ein, das exemplarisch für jede andere Sekte stehen könnte: An der Situation der Protagonistin Jana werden die Lebensweise einer Sekte und die damit verbundenen Einschränkungen und Probleme dargestellt.

»La Lune ist die Güte. La Lune ist das Verständnis. La Lune ist unser Leben. Ich darf nicht zweifeln.«

So endet einer von vielen Einträgen, die Jana heimlich in ihr Tagebuch schreibt. Tagebuch schreiben ist strengstens verboten, ebenso wie enge freundschaftliche Beziehungen, individuelle Handlungen, die nicht der Gemeinschaft dienen, oder jeder andere ›Regelverstoß‹, denn Jana gehört zur Gemeinschaft der »Kinder des Mondes«, deren Führerin La Lune ist. Jana ist durch ihre Mutter zwangsweise in diese Gemeinschaft hinein sozialisiert worden. »Ich darf nicht zweifeln«, schreibt Jana und hat doch längst damit angefangen. Mara ist Janas beste Freundin. Sie wurde, weil sie Timon, ihren Freund getroffen hatte, für dreißig Tage ins Strafhaus geschickt, wo sie in völliger Abgeschiedenheit leben muss. Während dieser Zeit ohne Mara beginnt Jana die Sekte mit anderen Augen zu sehen. Sie kann nicht verstehen, wieso La Lune, die angeblich die Liebe verkörpert, Mara der Liebe wegen verurteilt hat.

Die Ideale aus Janas Kindheit und damit ihr absoluter Gehorsam dem System La Lunes gegenüber geraten ins Wanken. Allmählich lernt sie, ihre Träume den Traumdeutern vorzuenthalten, denn »jeder Traum, von dem sie wissen, öffnet ein Fenster in mein Inneres. Schon viel zu viele Fenster stehen offen. Dieses eine muss verschlossen bleiben, denn jede Nacht fährt der Junge mit dem Roller durch meine Träume.«

Marlon ist dieser Junge. Er wohnt mit seinen Eltern und Schwestern im gleichen Dorf wie die »Kinder des Mondes« und hat schon seit geraumer Zeit ein Auge auf das »blaue Mädchen«, Jana, geworfen. Marlon kommt aus einer Familie, die den Sektenmitgliedern sehr

---

25 Übernommen von Melanie Schallenmüller: Monika Feth, Das blaue Mädchen. In: Mirjam Zimmermann: Religionsunterricht mit Jugendliteratur. Göttingen 2006, 107–120, 107 f.

skeptisch gegenübersteht. Die »Kinder des Mondes« wollen das Land der Dorfbewohner aufkaufen. Weigern diese sich, dann brennt hier und da eine Scheune ab, um dem Begehren Nachdruck zu verleihen. Jana übertritt im Laufe der Geschichte immer mehr Gebote, sie trifft sich heimlich mit Marlon im Wald und hegt erste Fluchtgedanken.

Durch die naiven Kinderfragen von Miri, ihrer kleinen Freundin in der Gemeinschaft, gerät Jana von Tag zu Tag mehr ins Zweifeln. Als Miri lebensgefährlich erkrankt und die »Kinder des Mondes« sie nicht in ein Krankenhaus lassen wollen, wagt Jana mit Miri die Flucht. Marlon hat den Dorfpfarrer informiert, der die beiden an einen sicheren Ort bringt.

Durch das ganze Buch zieht sich leitmotivisch das Thema Angst: Angst davor bestraft zu werden, die Gesetze nicht halten zu können, die Angst vor der Zukunft oder vor dem strafenden Gott. Jana macht im Laufe der Geschichte einen Prozess durch: Sie lernt, Augen und Ohren nicht mehr verschlossen zu halten und die Ungereimtheiten im System La Lunes wahrzunehmen. Mara, Marlon und Miri sind ihr dabei eine große Hilfe. Auch bei den Teestunden mit Gertrud, der Bibliothekarin, stellt sie immer mehr fest, wie viel den »Kindern des Mondes« von der Welt vorenthalten wird.

Zur Autorin

Monika Feth, 1951 in Hagen geboren, studierte Literaturwissenschaften und arbeitet als Journalistin in einem kleinen Dorf in der Voreifel. Neben etwa fünfzehn Büchern gibt es zahlreiche Publikationen von ihr in Zeitungen, Literaturzeitschriften, Anthologien und im Rundfunk. Unter anderem erhielt sie 1991 den Preis der Leseratten des ZDF.

Didaktische Grundgedanken

Welche Religion tut mir gut? Diese Frage stellt sich Jugendlichen vor dem Hintergrund, dass in der heutigen Welt viele Religionen, Weltanschauungen, religiöse und pseudoreligiöse Systeme miteinander konkurrieren und die Verbindlichkeit einer selbstverständlichen Zugehörigkeit nicht mehr gegeben ist.

Anhand dieser Lektüre, die über den Betroffenenbericht einer Sekte hinausgeht, kann über die »*Funktionsweise« von Sekten* aufgeklärt und der Befreiungsprozess des Individuums aus zunächst unhinterfragbaren *Gehorsamsstrukturen* vorgeführt werden. Wenn Religion das ist, was dem Leben dient, wenn Gebote nur dann richtig sind, wenn sie frei machen zum guten Leben, dann kann an dieser Erzählung die *Zerstörungskraft von falscher Religion* gezeigt werden. Wo die Würde des Menschen verletzt, seine Gewissensfreiheit, sein Lebensmut eingeschränkt werden, da ist das »Glaubenskorsett« zu eng, und/oder es sind Eigeninteressen *selbst ernannter »Götter«* im Spiel. Eben dies bildet das Buch exemplarisch ab. Als Miris Leben bedroht ist, kommt der Wendepunkt, denn was Angst verbreitet und Leben gefährdet, kann nicht gut sein und verdient keine Treue.

Im Einzelnen kann an der Lektüre Folgendes erarbeitet werden: ganz grundsätzlich die *Unterscheidung von Religion und Sekte,* weiterhin die *Merkmale einer Sekte sowie deren Methoden und Ziele,* die *Gefahren von Sekten* wie z. B. Isolierung, Realitätsverlust, Machtstrukturen, Profitinteresse und Psychoterror. Im Anschluss könnten die Schüler sich mit Ausstiegshilfen für Sektenmitglieder auseinandersetzen.

Weiterführende Literatur

Melanie Schallenmüller: Monika Feth, Das blaue Mädchen. In: Mirjam Zimmermann: Religionsunterricht mit Jugendliteratur. Göttingen 2006, 107–120

Irma Krauß:
Esthers Angst. Ein Sekten-Roman.
F. Schneider Verlag: München 1997. Neuauflage: Beltz & Gelberg Verlag: Weinheim 2007
Seitenzahl: 200
Preis: ab 2,50 €

Ab Klasse 8/Fokus: Sekten, Zeugen Jehovas, religiöse Überzeugungen, Liebe

Inhalt

Gilbert interessiert sich für die schöne Esther. Doch immer wieder entzieht diese sich seinen Annäherungsversuchen. Als es ihm endlich gelingt, sie zu einem Treffen zu bewegen, begreift er ihr Verhalten: Esther erwidert zwar seine Gefühle, aber sie ist in die Gemeinschaft der Zeugen Jehovas hineingeboren und darf sich nicht mit einem aus »der Welt« einlassen. Esther leidet unter den strengen Regeln der Gemeinschaft, aber ihre Ängste vor Sanktionen der Gemeinschaft einerseits und den Strafen Gottes oder des Teufels andererseits sind zunächst übermächtig.

Von seiner Verliebtheit angetrieben beschließt Gilbert, einen Gottesdienst der Sekte zu besuchen, um Esther wenigstens dort nahe sein zu können. Aber Frauen und Männer agieren hier völlig voneinander getrennt. Von den Lehren der Gemeinschaft irritiert (Unterdrückung, Angstmache, Exklusivität der Gemeinschaft, wortwörtliche Auslegung der Schrift, autoritäre Leitung, Bespitzelung und Druck gegenüber Abtrünnigen, Gefühl, in der Endzeit zu leben etc.) holt er sich Rat bei Wolfgang, einem Sektenexperten, und spricht auch mit seinen Eltern über seine Situation. Der Sektenbeauftragte warnt ihn, der Gemeinschaft beizutreten. Er soll lieber versuchen, Esther von der Gefahr der Gemeinschaft zu überzeugen. Diese Infragestellung stürzt Esther wiederum in eine tiefe Krise.

Die Erzählperspektive wechselt zwischen Gilbert und Esther, sodass für den Leser beide Lebenswelten erschlossen werden. Erst am Ende erfährt der Leser mehr über Esthers Familiegeschichte: Das Mädchen stand von klein an unter sozialem Druck, der ihr den Kontakt mit Nicht-Mitgliedern der Gemeinschaft – sogar mit ihren Großeltern – verbot. Aus Trauer über die absolute Kontaktsperre, an der Esther nicht unbeteiligt war, hatten sich diese sogar zum Freitod entschlossen.

Am Ende des Romans berichtet Wolfgang, der Sektenbeauftragte, über Esthers Klinikaufenthalt, wo sie mühsam z. B. in Gesprächen mit anderen Sektenaussteigern eine neue Sicht der Welt lernen muss.

Zur Autorin

Irma Krauß ist 1949 im schwäbischen Unterthürheim geboren. Sie studierte in Augsburg Pädagogik und arbeitete als Lehrerin an einer Grund- und Hauptschule. Für »Arabella oder Die Bienenkönigin« erhielt sie den begehrten Peter-Härtling-Preis und den Buchpreis der Deutschen Umweltstiftung.

Didaktische Grundgedanken

Irma Krauß schildert, was es für junge Menschen bedeuten kann, in eine Sekte hineingeboren zu werden. Sie zeigt, welche Konflikte entstehen, wenn plötzlich der Wunsch nach persönlichem Glück, Eigenverantwortung und Gedankenfreiheit stärker wird als die *vereinnahmende Macht von Eltern und Glaubensgemeinschaft*. Esthers Werdegang von der Zeugin Jehovas zu einem am Boden zerstörten Mädchen macht betroffen. Durch die Verzahnung mit einer Liebesgeschichte ist die Story gerade für jugendliche Leser interessant. Grundlegende *Informationen und Zahlen zu den Zeugen Jehovas* werden gekonnt in der Handlung untergebracht, ohne vorschnell zu belehren. Weiterführende Literatur sowie ein Adressenverzeichnis, mit dem weiter recherchiert werden kann, sind am Schluss angefügt.

Didaktisch wertvoll aufzugreifen sind sowohl Esthers Veränderungen als auch die von Gilbert. Da beide versuchen, dem anderen ihren eigenen Glauben näher zu bringen und den Glauben des anderen besser zu verstehen, erfährt der Leser viel über beide Perspektiven.

Weiterführende Literatur

www.ekd.de/sekten/ezw.html Sekteninfo der Evangelischen Kirche in Deutschland

www.ezw-berlin.de Homepage der Evangelischen Zentralstelle für Weltanschauungsfragen in Berlin (EZW)